SEMEAR JUNTOS

ENSINO RELIGIOSO
HUMBERTO HERRERA

2

HUMBERTO HERRERA

Doutor em Educação.
Graduado em Filosofia, Pedagogia e Teologia.
Especialista em Docência, Ensino Religioso e Gestão de Processos Pastorais.
Participa da Comissão para a Cultura e Educação da Conferência Nacional dos Bispos do Brasil.
Membro da Sociedade Brasileira de Cientistas Católicos.

São Paulo, 3ª edição, 2023

Semear Juntos – Ensino Religioso – volume 2
© SM Educação
Todos os direitos reservados

Direção editorial	André da Silva Monteiro
Gerência editorial	Lia Monguilhott Bezerra
Edição executiva	Valéria Vaz
	Edição: Gabriel Careta, Kenya Jeniffer Marcon
	Suporte editorial: Fernanda de Araújo Fortunato
Coordenação de preparação e revisão	Cláudia Rodrigues do Espírito Santo
	Preparação: Berenice Martins Baeder, Clara Fernandes
	Revisão: Clara Fernandes, Fernanda Umile, Luiza Emrich
Coordenação de *design*	Gilciane Munhoz
	***Design*:** Thatiana Kalaes
Coordenação de arte	Melissa Steiner Rocha Antunes
	Edição de arte: Janaina Beltrame, Priscila Fosco Darakdjian
	Assistência de arte: Leslie Morais
Coordenação de iconografia	Josiane Laurentino
	Pesquisa iconográfica: Ana Stein, Junior Rozzo
	Tratamento de imagem: Marcelo Casaro
Capa	Thatiana Kalaes
	Ilustração de capa: Veridiana Scarpelli
Projeto gráfico	Thatiana Kalaes
Editoração eletrônica	Essencial Design
Ilustrações	Carlitos Pinheiro, Cris Eich, Eloar Guazzelli, Joinles, Raíssa Bulhões, Sandra Jávera, Victor Beuren
Pré-impressão	Américo Jesus
Fabricação	Alexander Maeda
Impressão	Gráfica Santa Marta

Dados Internacionais de Catalogação na Publicação (CIP)
(Câmara Brasileira do Livro, SP, Brasil)

Herrera, Humberto
 Semear juntos, 2 : ensino religioso / Humberto Herrera. --
3. ed. -- São Paulo : Edições SM, 2023.

 ISBN: 978-85-418-2981-6 (aluno)
 ISBN: 978-85-418-2974-8 (professor)

 1. Ensino religioso (Ensino fundamental) I. Título.

23-154976 CDD-372.84

Índices para catálogo sistemático:
1. Ensino religioso : Ensino fundamental   372.84

Cibele Maria Dias – Bibliotecária – CRB-8/9427

3ª edição, 2023
4 impressão, dezembro 2024

SM Educação
Avenida Paulista, 1842 – 18º andar, cj. 185, 186 e 187 – Condomínio Cetenco Plaza
Bela Vista   01310-945 São Paulo SP Brasil
Tel. 11 2111-7400
atendimento@grupo-sm.com
www.grupo-sm.com/br

APRESENTAÇÃO

QUERIDA ALUNA, QUERIDO ALUNO,

VOCÊ SABE PRONUNCIAR MEU NOME?
A LETRA "Ñ", NO LUGAR ONDE NASCI, SE CHAMA "ENHE", PRONUNCIA-SE COMO "NH".

EM MADUPUNGUN, LÍNGUA DO POVO INDÍGENA MAPUCHE, DO CHILE, MEU NOME SIGNIFICA "O REFLEXO DO SOL".

NESTE ANO, VOCÊ VAI CONHECER COMO PESSOAS DE VÁRIAS PARTES DO MUNDO EXPRESSAM SUAS CRENÇAS, QUAIS SÍMBOLOS RELIGIOSOS UTILIZAM E COMO CELEBRAM SUA FÉ.

O ENSINO RELIGIOSO BUSCA SER COMO O SOL, QUE ILUMINA, QUE CLAREIA; UM CONHECIMENTO QUE ACOLHA E RESPEITE A DIVERSIDADE DE MANIFESTAÇÕES RELIGIOSAS.

QUANDO RECONHECEMOS A IMPORTÂNCIA DISSO, NOSSAS RELAÇÕES REFLETEM PAZ, FRATERNIDADE E SOLIDARIEDADE, ESSENCIAIS PARA A CONSTRUÇÃO DE UMA SOCIEDADE CADA VEZ MELHOR.

DESEJO QUE ESTE LIVRO AJUDE VOCÊ E OS COLEGAS A, JUNTOS, SEMEAREM ESSES SENTIMENTOS ELEVADOS.

UMA ÓTIMA EXPERIÊNCIA PARA VOCÊ!

SEU AMIGO PAÑI

AQUI COMEÇA UMA HISTÓRIA DIVERTIDA!

Sandra Javera/ID/BR

CONHEÇA SEU LIVRO

ABERTURA
NESSA SEÇÃO, VOCÊ VAI ENCONTRAR SITUAÇÕES DE SEU DIA A DIA SOBRE AS QUAIS VAI PRECISAR REFLETIR E DAR SUA OPINIÃO.

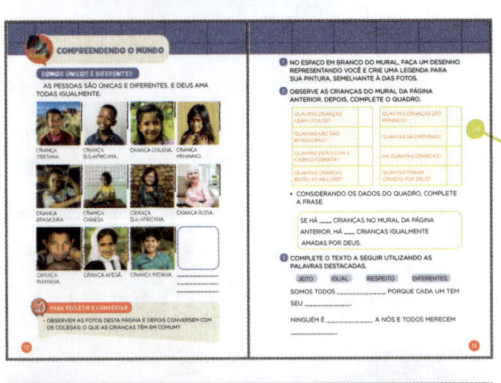

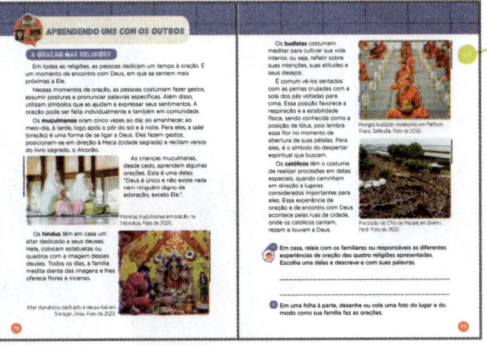

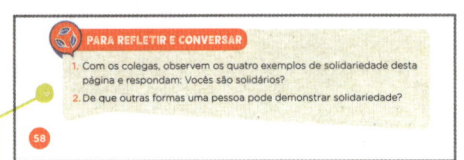

BOXE "PARA REFLETIR E CONVERSAR"
QUANDO ESTAMOS APRENDENDO ALGO, É IMPORTANTE PENSAR SOBRE O NOVO CONHECIMENTO E COMPARTILHÁ-LO COM ALGUÉM. VOCÊ VAI RESPONDER A PERGUNTAS SOBRE O TEMA E CONVERSAR COM OS COLEGAS.

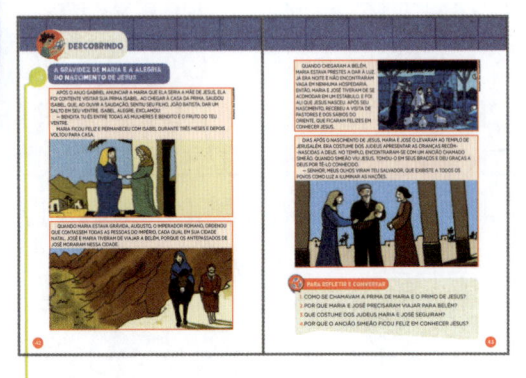

DESCOBRINDO
HISTÓRIAS ILUSTRADAS PARA VOCÊ CONHECER ENSINAMENTOS BÍBLICOS QUE HÁ GERAÇÕES SÃO TRANSMITIDOS.

COMPREENDENDO O MUNDO
COMO O TEMA PROPOSTO NO CAPÍTULO ESTÁ PRESENTE NO MUNDO? É O QUE VOCÊ VAI APRENDER NESSA SEÇÃO. NELA TAMBÉM VAI PERCEBER A IMPORTÂNCIA DOS SABERES RELIGIOSOS NA SOCIEDADE.

APRENDENDO UNS COM OS OUTROS
VOCÊ JÁ PENSOU QUE TODAS AS TRADIÇÕES RELIGIOSAS TÊM ALGO A ENSINAR? NESSA SEÇÃO VOCÊ VAI CONHECER COMO DIVERSAS TRADIÇÕES RELIGIOSAS TRATAM DIFERENTES TEMAS.

ÍCONES
OS ÍCONES INDICAM COM QUEM VOCÊ DEVE FAZER A ATIVIDADE E MOMENTOS ESPECIAIS PARA O TRABALHO COM A ECOLOGIA INTEGRAL.

OFICINA DO BRINCAR
ESTÁ NA HORA DE COLOCAR EM PRÁTICA O QUE VOCÊ APRENDEU NO CAPÍTULO, REALIZANDO ATIVIDADES DIVERTIDAS.

OFICINA DE HISTÓRIAS
NESSA SEÇÃO, VOCÊ CONHECERÁ HISTÓRIAS DE DIVERSOS LUGARES DO MUNDO E APRENDERÁ A CONTÁ-LAS DE DIFERENTES MANEIRAS.

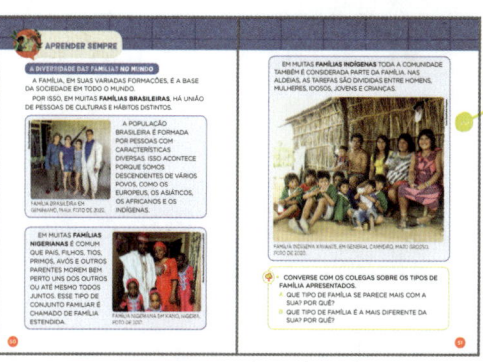

APRENDER SEMPRE
VOCÊ VAI APRENDER UM POUCO SOBRE A VIDA E OS COSTUMES DE DIFERENTES CULTURAS E VAI CONHECER A OPINIÃO DE PESSOAS QUE TÊM ALGO A NOS ENSINAR.

PROJETO CIDADANIA
PASSO A PASSO PARA A REALIZAÇÃO DE UM PROJETO EM QUE VOCÊ, MOTIVADO PELOS CONHECIMENTOS RELIGIOSOS, CONHECERÁ E ATUARÁ EM SUA COMUNIDADE.

SEMEAR MUDANÇAS
VOCÊ IRÁ RELEMBRAR E EXERCITAR O QUE APRENDEU NO CAPÍTULO COM ATIVIDADES ANIMADAS, PARA FAZER NA SALA DE AULA OU EM CASA.

PESSOAS E LUGARES
VOCÊ VAI CONHECER OS COSTUMES E AS CRENÇAS RELIGIOSAS DE DIVERSOS POVOS.

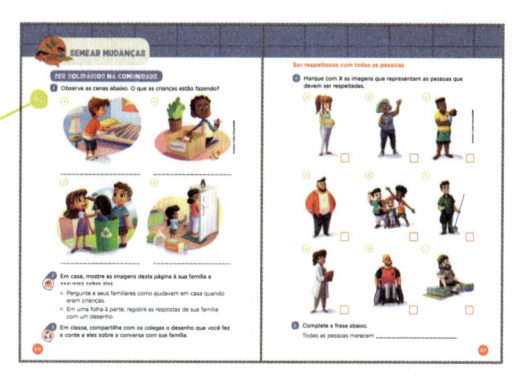

OFICINA DE JOGOS
O JOGO DA SEÇÃO AJUDARÁ VOCÊ A PRATICAR OS ENSINAMENTOS DESTA COLEÇÃO DE FORMA ALEGRE E FRATERNA.

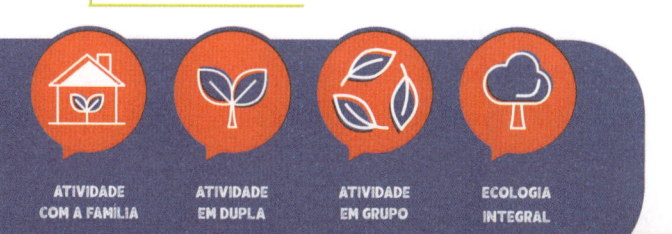

ATIVIDADE COM A FAMÍLIA | ATIVIDADE EM DUPLA | ATIVIDADE EM GRUPO | ECOLOGIA INTEGRAL

SUMÁRIO

1. SOMOS TODOS IRMÃOS E IRMÃS | 8

- DESCOBRINDO: DEUS CRIOU O MUNDO E AS PESSOAS 10
- COMPREENDENDO O MUNDO: SOMOS ÚNICOS E DIFERENTES 12
- APRENDENDO UNS COM OS OUTROS: AS RELIGIÕES E A FRATERNIDADE UNIVERSAL 14
- OFICINA DO BRINCAR: A CASA DO JOÃO-DE-BARRO 16
- OFICINA DE HISTÓRIAS: A LENDA DO SURGIMENTO DA NOITE 17
- APRENDER SEMPRE: A FAMÍLIA TERRESTRE 18
- SEMEAR MUDANÇAS: ATITUDES FRATERNAIS NO DIA A DIA 20

2. FAZEMOS PARTE DE UMA COMUNIDADE | 22

- DESCOBRINDO: GRANDE COMUNIDADE 24
- COMPREENDENDO O MUNDO: AS DIFERENTES COMUNIDADES 26
- APRENDENDO UNS COM OS OUTROS: OS ESPAÇOS DE ENCONTRO DAS COMUNIDADES RELIGIOSAS 28
- OFICINA DO BRINCAR: MESTRE DE OBRAS DA CASA COMUM 30
- PROJETO CIDADANIA: BUSCADORES DE RELÍQUIAS 31
- APRENDER SEMPRE: VIVENDO EM COMUNIDADE 32
- SEMEAR MUDANÇAS: RESPEITAR AS COMUNIDADES RELIGIOSAS 34
- PESSOAS E LUGARES: OS QUILOMBOLAS 36

3. FAZEMOS PARTE DE UMA FAMÍLIA | 40

- DESCOBRINDO: A GRAVIDEZ DE MARIA E A ALEGRIA DO NASCIMENTO DE JESUS 42
- COMPREENDENDO O MUNDO: A FAMÍLIA NOS AJUDA A CRESCER 44
- APRENDENDO UNS COM OS OUTROS: A FAMÍLIA NOS TRANSMITE A FÉ 46
- OFICINA DO BRINCAR: HISTORIADORES DE FAMÍLIAS 48
- OFICINA DE HISTÓRIAS: A LENDA DA MANDIOCA 49
- APRENDER SEMPRE: A DIVERSIDADE DAS FAMÍLIAS NO MUNDO 50
- SEMEAR MUDANÇAS: AS FAMÍLIAS SÃO DIFERENTES 52

4. APRENDEMOS A SER SOLIDÁRIOS | 54

- DESCOBRINDO: O BOM SAMARITANO 56
- COMPREENDENDO O MUNDO: PRECISAMOS SER SOLIDÁRIOS 58
- APRENDENDO UNS COM OS OUTROS: A REGRA DE OURO DAS RELIGIÕES 60
- OFICINA DO BRINCAR: RUA DA CIDADANIA 62
- PROJETO CIDADANIA: CONHECENDO RELÍQUIAS 63
- APRENDER SEMPRE: COLABORAMOS PARA O BEM 64
- SEMEAR MUDANÇAS: SER SOLIDÁRIOS NA COMUNIDADE 66
- PESSOAS E LUGARES: OS YANOMAMI 68

5. APRENDEMOS A CONFIAR | 72

- DESCOBRINDO: O PAI-NOSSO 74
- COMPREENDENDO O MUNDO: AS PESSOAS SE RELACIONAM COM DEUS 76
- APRENDENDO UNS COM OS OUTROS: A ORAÇÃO NAS RELIGIÕES 78
- OFICINA DO BRINCAR: A PADARIA DO BEM 80
- OFICINA DE HISTÓRIAS: A LENDA DO PÃO DE SANTO ANTÔNIO 81
- APRENDER SEMPRE: ENCONTRAR-SE COM DEUS 82
- SEMEAR MUDANÇAS: A ATITUDE FRATERNA DE REZAR PELO PRÓXIMO 84

6. APRENDEMOS A CONVIVER | 86

- DESCOBRINDO: UMA FESTA PARA TODOS 88
- COMPREENDENDO O MUNDO: AS CELEBRAÇÕES CATÓLICAS 90
- APRENDENDO UNS COM OS OUTROS: DIFERENTES LUGARES SAGRADOS 92
- OFICINA DO BRINCAR: O PIQUENIQUE 94
- PROJETO CIDADANIA: EXPOSIÇÃO DE RELÍQUIAS 95
- APRENDER SEMPRE: É MELHOR ESTARMOS JUNTOS 96
- SEMEAR MUDANÇAS: AS PESSOAS SE REÚNEM PARA CELEBRAR A VIDA 98

- OFICINA DE JOGOS PAR-SIM 100
- ENCERRAMENTO 104
- ENCARTE 105

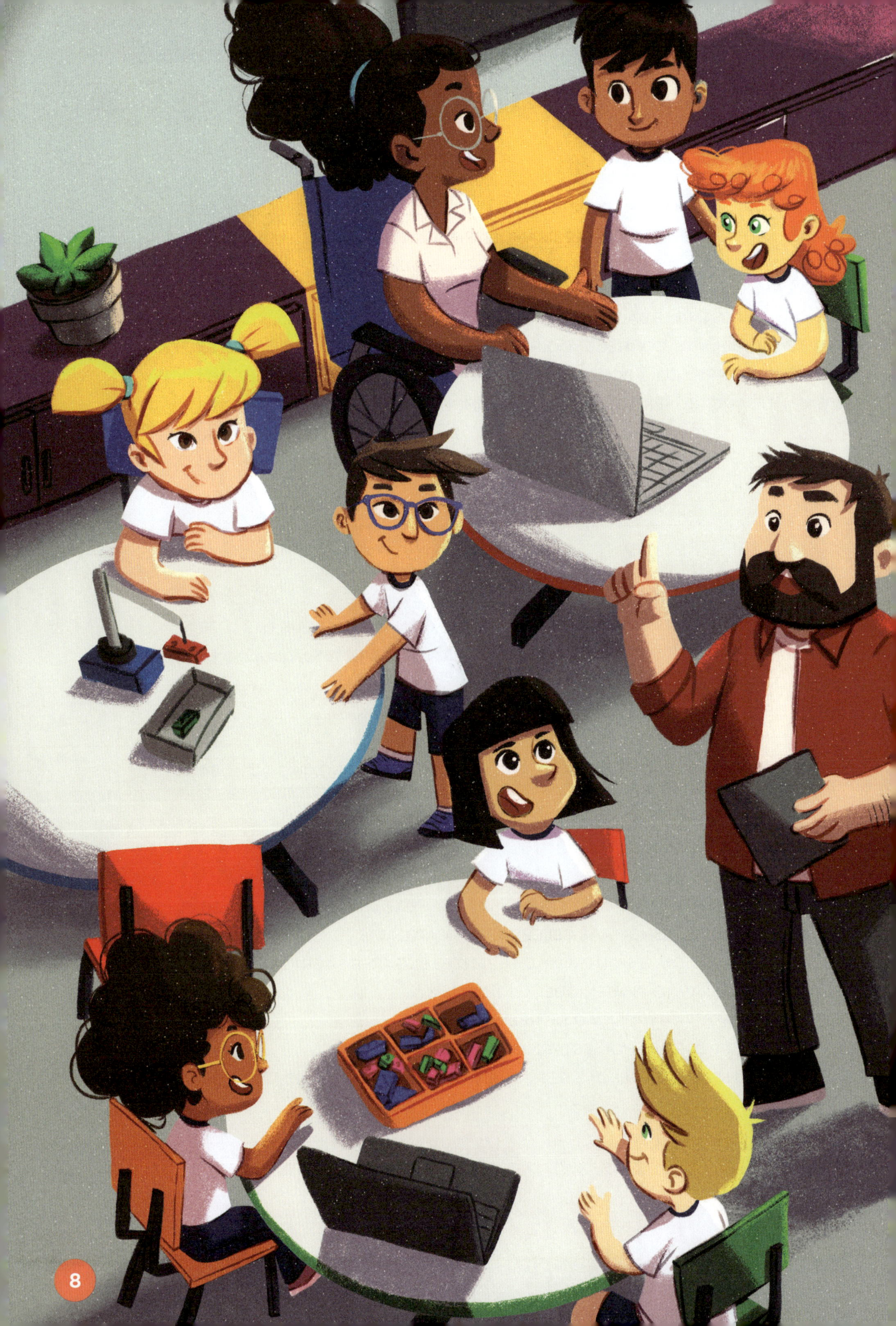

CAPÍTULO 1

SOMOS TODOS IRMÃOS E IRMÃS

PARA REFLETIR E CONVERSAR

1. QUE LUGAR ESTÁ REPRESENTADO NA CENA AO LADO?
2. QUEM APARECE NA CENA?
3. COMO VOCÊS ACHAM QUE AS PESSOAS DA CENA ESTÃO SE SENTINDO?
4. COMO VOCÊS SE SENTIRAM NO PRIMEIRO DIA DE AULA DESTE ANO?

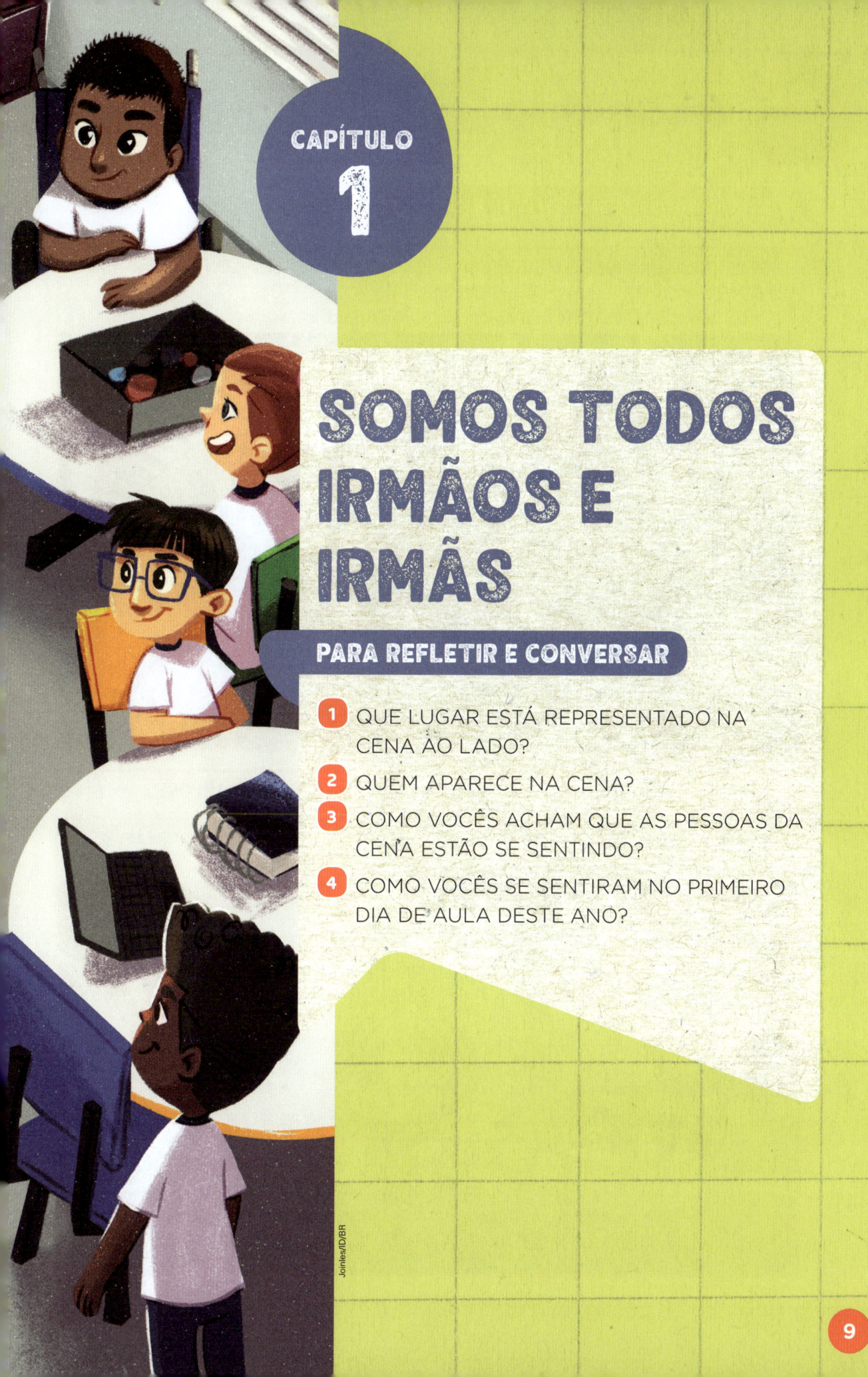

DESCOBRINDO

DEUS CRIOU O MUNDO E AS PESSOAS

DEUS CRIOU UM MUNDO MUITO BONITO E QUIS COMPARTILHÁ-LO. ENTÃO, CRIOU O HOMEM E A MULHER À SUA IMAGEM E SEMELHANÇA.
DEUS CHAMOU O HOMEM DE ADÃO E A MULHER DE EVA.

DEUS COMPARTILHOU AS PLANTAS, COM SUAS SEMENTES, E AS ÁRVORES FRUTÍFERAS, PARA QUE ADÃO E EVA COMESSEM SEUS FRUTOS.
COMPARTILHOU TAMBÉM OS PEIXES DO MAR, AS AVES DO CÉU E OS ANIMAIS QUE VIVEM NA TERRA, PARA QUE FOSSEM CUIDADOS POR ADÃO E EVA.

DEUS VIU QUE TUDO O QUE HAVIA FEITO ERA MUITO BOM. ENTÃO, DISSE AO HOMEM E À MULHER:
— CRESCEI E MULTIPLICAI-VOS. POVOAI A TERRA E CUIDAI DELA.

PARA REFLETIR E CONVERSAR

1. POR QUE DEUS CRIOU OS SERES HUMANOS?
2. QUE NOME DEUS DEU A ELES?
3. O QUE DEUS COMPARTILHOU COM OS SERES HUMANOS?

SUBSTITUA OS NÚMEROS PELAS LETRAS CORRESPONDENTES PARA COMPLETAR A FRASE.

U	O	M	N	D	S	C	I	A	R	E
1	2	3	4	5	6	7	8	9	10	11

5 11 1 6 ENTREGOU O 3 1 4 5 2 AO HOMEM E À MULHER PARA DELE 7 1 8 5 9 10 11 3.

COMPREENDENDO O MUNDO

SOMOS ÚNICOS E DIFERENTES

AS PESSOAS SÃO ÚNICAS E DIFERENTES. E DEUS AMA TODAS IGUALMENTE.

CRIANÇA TIBETANA.

CRIANÇA SUL-AFRICANA.

CRIANÇA CHILENA.

CRIANÇA MEHINAKO.

CRIANÇA BRASILEIRA.

CRIANÇA CHINESA.

CRIANÇA SUL-AFRICANA.

CRIANÇA RUSSA.

CRIANÇA IRANIANA.

CRIANÇA AFEGÃ.

CRIANÇA INDIANA.

PARA REFLETIR E CONVERSAR

- OBSERVEM AS FOTOS DESTA PÁGINA E DEPOIS CONVERSEM COM OS COLEGAS: O QUE AS CRIANÇAS TÊM EM COMUM?

1 NO ESPAÇO EM BRANCO DO MURAL, FAÇA UM DESENHO REPRESENTANDO VOCÊ E CRIE UMA LEGENDA PARA SUA PINTURA, SEMELHANTE À DAS FOTOS.

2 OBSERVE AS CRIANÇAS DO MURAL DA PÁGINA ANTERIOR. DEPOIS, COMPLETE O QUADRO.

QUANTAS CRIANÇAS USAM ÓCULOS?		QUANTAS CRIANÇAS SÃO MENINOS?	
QUANTAS NÃO SÃO BRASILEIRAS?		QUANTAS SÃO MENINAS?	
QUANTAS ESTÃO COM A CABEÇA COBERTA?		HÁ QUANTAS CRIANÇAS?	
QUANTAS CRIANÇAS ESTÃO AO AR LIVRE?		QUANTAS FORAM CRIADAS POR DEUS?	

- CONSIDERANDO OS DADOS DO QUADRO, COMPLETE A FRASE.

SE HÁ _____ CRIANÇAS NO MURAL DA PÁGINA ANTERIOR, HÁ _____ CRIANÇAS IGUALMENTE AMADAS POR DEUS.

3 COMPLETE O TEXTO A SEGUIR UTILIZANDO AS PALAVRAS DESTACADAS.

JEITO   IGUAL   RESPEITO   DIFERENTES

SOMOS TODOS _____, PORQUE CADA UM TEM SEU _____.

NINGUÉM É _____ A NÓS E TODOS MERECEM _____.

APRENDENDO UNS COM OS OUTROS

AS RELIGIÕES E A FRATERNIDADE UNIVERSAL

É DEFENDIDO EM VÁRIAS RELIGIÕES QUE TODAS AS PESSOAS SÃO IRMÃS, OU SEJA, PERTENCEM A UMA MESMA FAMÍLIA. ESSA CRENÇA É CHAMADA DE **FRATERNIDADE UNIVERSAL**.

NO **CRISTIANISMO**, JESUS ENSINA QUE DEUS É NOSSO PAI; POR ISSO, OS CRISTÃOS CREEM QUE TODOS SOMOS IRMÃOS E IRMÃS.

CRIANÇAS AO LADO DO PAPA FRANCISCO EM MISSA DE NATAL, NA CIDADE DO VATICANO. FOTO DE 2022.

NO **ISLAMISMO**, OS MUÇULMANOS CHAMAM DEUS DE ALÁ. ELES ACREDITAM QUE ALÁ É O CRIADOR E QUE ELE AMA TODAS AS PESSOAS.

CRIANÇAS LENDO O ALCORÃO EM KOTA BHARU, MALÁSIA. FOTO DE 2016.

PARA O **JUDAÍSMO**, DEUS CRIOU TODAS AS PESSOAS, SEJA QUAL FOR A NACIONALIDADE DELAS.

PAI E FILHA LENDO A TORÁ. FOTO DE 2021.

1 SUBLINHE NO TEXTO O QUE CADA UMA DAS RELIGIÕES DIZ SOBRE A FRATERNIDADE UNIVERSAL.

2 EM DUPLA, CONVERSEM SOBRE O QUE É A FRATERNIDADE UNIVERSAL.

OS SERES VIVOS E A FRATERNIDADE AMPLIADA

VOCÊ JÁ OUVIU FALAR EM SÃO FRANCISCO DE ASSIS? ELE FOI UM CRISTÃO ITALIANO QUE NASCEU NO ANO DE 1181. ERA MUITO RICO, MAS DECIDIU VIVER UMA VIDA HUMILDE, COM PESSOAS MAIS VULNERÁVEIS A QUEM AUXILIAVA E TRATAVA COMO IRMÃS. MUITAS PESSOAS BUSCAM SEGUIR SEU EXEMPLO DE FRATERNIDADE.

FRANCISCO DE ASSIS ESCREVEU UM TEXTO CONHECIDO COMO CÂNTICO DAS CRIATURAS, NO QUAL LOUVA A DEUS PELA CRIAÇÃO E TRATA OS SERES VIVOS, OS ASTROS E OS ELEMENTOS DA NATUREZA COMO IRMÃOS E IRMÃS DA HUMANIDADE.

3 OBSERVE AS ILUSTRAÇÕES E, A SEGUIR, ESCREVA O NOME DAS FIGURAS. COM ISSO, VOCÊ DESCOBRIRÁ ALGUMAS FRASES DO CÂNTICO DE SÃO FRANCISCO DE ASSIS.

LOUVADO SEJAS, MEU SENHOR, COM TODAS AS TUAS CRIATURAS, ESPECIALMENTE O SENHOR IRMÃO ☀️ _____, O QUAL É DIA, E POR ELE NOS ILUMINAS.

[...]

LOUVADO SEJAS, MEU SENHOR, PELA IRMÃ LUA E PELAS ⭐ _____, NO CÉU AS FORMASTE CLARAS E PRECIOSAS E BELAS.

LOUVADO SEJAS, MEU SENHOR, PELO IRMÃO VENTO, E PELO AR E PELAS ☁️ _____, E PELO SERENO E TODO O TEMPO, PELO QUAL ÀS TUAS CRIATURAS DÁS SUSTENTO.

LOUVADO SEJAS, MEU SENHOR, PELA IRMÃ 💧 _____ QUE É MUI ÚTIL E HUMILDE E PRECIOSA E CASTA.

LOUVADO SEJAS, MEU SENHOR, PELO IRMÃO 🔥 _____, PELO QUAL ILUMINAS A NOITE, E ELE É BELO E AGRADÁVEL E ROBUSTO E FORTE.

CÂNTICO DO IRMÃO SOL. FRANCISCANOS. DISPONÍVEL EM: https://franciscanos.org.br/carisma/cantico-do-irmao-sol.html#gsc.tab=0. ACESSO EM: 23 FEV. 2023.

Ilustrações: Carlitos Pinheiro/ID/BR

OFICINA DO BRINCAR

A CASA DO JOÃO-DE-BARRO

APRENDEMOS QUE SOMOS TODOS IRMÃOS E IRMÃS E QUE SOMOS IGUAIS PARA DEUS. E DEVEMOS VIVER EM FRATERNIDADE.

VOCÊ JÁ VIU O MODO COMO O PÁSSARO JOÃO-DE-BARRO CONSTRÓI O NINHO DELE?

EM CONJUNTO, A FÊMEA E O MACHO FAZEM O NINHO DE FORMA CUIDADOSA E ESTRATÉGICA, USANDO ELEMENTOS NATURAIS.

AGORA, QUE TAL SEGUIR O EXEMPLO DO JOÃO-DE-BARRO? VOCÊ VAI USAR ARGILA E OUTROS ELEMENTOS NATURAIS PARA REPRESENTAR SUAS MÃOS.

1. MOLDE A ARGILA E FORME UM CÍRCULO ACHATADO, COM ESPAÇO SUFICIENTE PARA VOCÊ REGISTRAR A MARCA DE SUA MÃO.

2. COM A AJUDA DO(A) PROFESSOR(A), ESCOLHA ELEMENTOS NATURAIS PARA DECORAR A MOLDURA DA MÃO, COMO PEDRAS, FOLHAS, ETC.

3. COM A AJUDA DO(A) PROFESSOR(A), VOCÊ E OS COLEGAS VÃO ORGANIZAR UMA EXPOSIÇÃO COM A PRODUÇÃO DA TURMA. O TEMA DA EXPOSIÇÃO SERÁ: "SOMOS TODOS IRMÃOS E IRMÃS".

SUA MÃO E AS MÃOS DOS COLEGAS REPRESENTAM A UNIÃO E O COMPROMISSO DE TODOS NO CUIDADO COM NOSSA CASA COMUM: O MUNDO CRIADO POR DEUS.

OFICINA DE HISTÓRIAS

A LENDA DO SURGIMENTO DA NOITE

CONTA-SE QUE HÁ MUITO TEMPO, QUANDO TUDO AINDA ERA DIA, A FILHA DE BOIÚNA, A COBRA-GRANDE, PEDIU A TRÊS JOVENS AMIGOS QUE FOSSEM BUSCAR O CAROÇO DE TUCUMÃ, GUARDADO POR BOIÚNA, QUE ABRIGAVA A NOITE.

NO CAMINHO, OS JOVENS COMEÇARAM A OUVIR BARULHOS VINDOS DE DENTRO DO CAROÇO E O ABRIRAM, LIBERTANDO A NOITE E FAZENDO TUDO ESCURECER.

A FILHA DA BOIÚNA DECIDIU SEPARAR O DIA DA NOITE. PARA ISSO, ENROLOU E SOLTOU UM FIO BRANCO, E DISSE:

— VOCÊ SERÁ CUJUBIM E CANTARÁ SEMPRE QUE AMANHECER.

ELA JOGOU UM OUTRO FIO NAS CINZAS DA FOGUEIRA E FALOU:

— VOCÊ SERÁ A CORUJA E CANTARÁ SEMPRE QUE ANOITECER.

ASSIM, CADA PÁSSARO CANTA A SEU TEMPO MARCANDO A CHEGADA DO DIA OU DA NOITE.

FONTE DE PESQUISA: MARIA ANTONIETA PEREIRA (ORGANIZAÇÃO). *LENDAS E MITOS DO BRASIL*. BELO HORIZONTE: EDITORA DA UFMG, 2007. PÁGINAS 15-19.

- JUNTO A SEUS FAMILIARES, FAÇA UM DESENHO, EM UMA FOLHA DE PAPEL AVULSA, QUE RETRATE UM MOMENTO ESPECIAL EM QUE VOCÊS TENHAM APRECIADO O CÉU NOTURNO JUNTOS.

APRENDER SEMPRE

A FAMÍLIA TERRESTRE

MUITAS PESSOAS AO REDOR DO MUNDO LUTAM PARA QUE TODOS POSSAMOS VIVER COMO IRMÃOS E IRMÃS.

RIGOBERTA MENCHÚ TUM NASCEU NA GUATEMALA. ELA FAZ PARTE DO POVO INDÍGENA QUICHÉ. RIGOBERTA LUTA PELOS DIREITOS HUMANOS, PRINCIPALMENTE PELO DIREITO DOS POVOS INDÍGENAS.

RIGOBERTA MENCHÚ TUM EM ATO PELOS DIREITOS DAS MULHERES, NA GUATEMALA. FOTO DE 2021.

NELSON MANDELA FOI UM IMPORTANTE PENSADOR E POLÍTICO DA ÁFRICA DO SUL. ELE LUTOU CONTRA A DISCRIMINAÇÃO RACIAL EM SEU PAÍS E NO MUNDO.

NELSON MANDELA DURANTE COMEMORAÇÃO DE ANIVERSÁRIO DO FUNDO NELSON MANDELA PARA CRIANÇAS, NA ÁFRICA DO SUL. FOTO DE 2009.

MAHATMA GANDHI FOI UM MESTRE INDIANO E PENSADOR DA RELIGIÃO HINDU. ELE PREGOU QUE TODOS NÓS SOMOS IRMÃOS E IRMÃS E, POR ISSO, DEVEMOS QUERER O BEM DE TODOS E NOS AFASTAR DA VIOLÊNCIA.

MAHATMA GANDHI EM PUNE, NA ÍNDIA. FOTO DE 1944.

O **PAPA FRANCISCO** É O LÍDER DA IGREJA CATÓLICA E TEM BUSCADO SE APROXIMAR DAS OUTRAS RELIGIÕES.

EM 2019, ELE ENCONTROU O GRÃO IMAME AHMED AL-TAYEB E, JUNTOS, ELES ASSINARAM UM DOCUMENTO QUE EXPLICA COMO AS RELIGIÕES PODEM UNIR-SE PARA A CONSTRUÇÃO DE UM FUTURO FRATERNO E SOLIDÁRIO.

PAPA FRANCISCO E GRÃO IMAME AHMED AL-TAYEB, EM ABU DHABI, EMIRADOS ÁRABES UNIDOS. FOTO DE 2019.

- COMO ESSAS PESSOAS EXPRESSARAM A FRATERNIDADE? CONVERSE COM OS COLEGAS.

SEMEAR MUDANÇAS

ATITUDES FRATERNAIS NO DIA A DIA

1. LEVE AS CRIANÇAS ÀS ATITUDES DE FRATERNIDADE. EM SEGUIDA, ESCREVA NO CADERNO O QUE CADA UMA DAS ATITUDES REPRESENTA.

2. EM DUPLA, CONVERSEM: QUE ATITUDES FRATERNAS VOCÊS PODEM TER NA ESCOLA?

DEVEMOS RESPEITAR TODAS AS PESSOAS

3 ESCREVA A PRIMEIRA LETRA DE CADA FIGURA E DESCUBRA A PALAVRA QUE VOCÊ APRENDEU NESTE CAPÍTULO.

4 EM CASA, PERGUNTE A SEUS FAMILIARES SE ELES SABEM O QUE É **FRATERNIDADE**.

A. EXPLIQUE A ELES ALGUMAS ATITUDES FRATERNAS QUE VOCÊ APRENDEU NESTE CAPÍTULO.

B. QUE AÇÕES FRATERNAS SEUS FAMILIARES VEEM VOCÊ PRATICAR? PINTE AS RESPOSTAS.

AJUDAR   RESPEITAR   COMPARTILHAR

5 FAÇA UM DESENHO DE VOCÊ PRATICANDO UMA DAS AÇÕES ACIMA. DEPOIS, MOSTRE SEU DESENHO AOS COLEGAS E CONTE A ELES O QUE VOCÊ CONVERSOU COM SUA FAMÍLIA.

22

CAPÍTULO 2

FAZEMOS PARTE DE UMA COMUNIDADE

PARA REFLETIR E CONVERSAR

1. ONDE AS CRIANÇAS DA CENA ESTÃO?
2. O QUE ELAS ESTÃO FAZENDO?
3. COMO VOCÊS ACHAM QUE ELAS ESTÃO SE SENTINDO?
4. QUAL É O ESPORTE FAVORITO DE VOCÊS? POR QUÊ?

DESCOBRINDO

GRANDE COMUNIDADE

JESUS ENSINOU AOS AMIGOS E ÀS PESSOAS QUE O ACOMPANHAVAM QUE SOMOS UMA GRANDE COMUNIDADE. ELE DIZIA QUE, PARA ESSA COMUNIDADE MANTER-SE UNIDA, CADA MEMBRO DELA PRECISA OFERECER AOS OUTROS SEU MELHOR.

CERTA VEZ, JESUS UTILIZOU O EXEMPLO DO SAL E DA LUZ PARA EXPLICAR COMO AS PESSOAS PRECISAM SER NA COMUNIDADE. ELE AFIRMOU QUE DEVEMOS SER COMO O SAL, QUE DÁ SABOR AOS ALIMENTOS, ALÉM DE CONSERVÁ-LOS. DEVEMOS SER TAMBÉM COMO A LUZ, QUE TODOS ILUMINA.

JESUS DIZIA: "NÃO SE ACENDE UMA LAMPARINA PARA TÊ-LA ESCONDIDA, MAS PÕE-SE NO CANDELABRO, PARA QUE OS QUE ENTRAM VEJAM A LUZ.". COM ESSES EXEMPLOS, JESUS QUERIA DIZER QUE PRECISAMOS SER GENEROSOS.

PARA REFLETIR E CONVERSAR

1. O QUE JESUS DIZ SER IMPORTANTE PARA A UNIÃO DE UMA COMUNIDADE?
2. QUAL É O SENTIDO DA EXPRESSÃO "SER LUZ PARA OS OUTROS"?

NOSSA TURMA TAMBÉM PODE SER UMA COMUNIDADE UNIDA!

- ESCREVA UM EXEMPLO DE COMO PODEMOS "SER SAL" E "SER LUZ" NA RELAÇÃO COM OS COLEGAS.

    POSSO "SER SAL" QUANDO _____.

    POSSO "SER LUZ" QUANDO _____.

COMPREENDENDO O MUNDO

AS DIFERENTES COMUNIDADES

AS PESSOAS FAZEM PARTE DE DIFERENTES COMUNIDADES. PERTENCER A UMA OU A VÁRIAS COMUNIDADES É MUITO IMPORTANTE NA CONSTRUÇÃO DE NOSSA IDENTIDADE. OBSERVE ALGUMAS COMUNIDADES.

A ESCOLA

ALUNOS EM ESCOLA INDÍGENA GUARANI, EM TOCANTÍNIA, TOCANTINS. FOTO DE 2022.

A ASSOCIAÇÃO DE TRABALHADORES

COOPERATIVA DE RECICLAGEM EM SÃO PAULO. FOTO DE 2022.

A COMUNIDADE LINGUÍSTICA

PROFESSORA E CRIANÇA CONVERSANDO EM LÍNGUA DE SINAIS, NA ÁFRICA DO SUL. FOTO DE 2021.

O PAÍS

PARA REFLETIR E CONVERSAR

- CONVERSEM COM OS COLEGAS: A QUE COMUNIDADES APRESENTADAS NESTA PÁGINA VOCÊS PERTENCEM?

AS COMUNIDADES RELIGIOSAS

HÁ PESSOAS QUE DECIDEM FAZER PARTE DE UMA COMUNIDADE RELIGIOSA E DEDICAR SUA VIDA A ELA.

NO **CRISTIANISMO ORTODOXO**, MONGES E MONJAS VIVEM NOS MOSTEIROS, EM COMUNIDADES. ELES LEVAM UMA VIDA DE ORAÇÃO, SIMPLICIDADE E TRABALHO.

NO **BUDISMO**, OS MONGES VIVEM NOS TEMPLOS. É POSSÍVEL SE TORNAR MONGE MESMO SENDO MUITO JOVEM. NA COMUNIDADE, ELES RASPAM A CABEÇA E SE DEDICAM À MEDITAÇÃO.

NO **CATOLICISMO**, FRADES E FREIRAS SE DEDICAM AOS SERVIÇOS RELIGIOSOS. MUITAS FREIRAS AJUDAM OS ENFERMOS E OS MAIS POBRES, E EDUCAM CRIANÇAS, JOVENS E ADULTOS.

MONGE CRISTÃO ORTODOXO SÉRVIO, NO MOSTEIRO DECANI, NO KOSOVO. FOTO DE 2019.

MONGES BUDISTAS EM BAGÃ, MIANMAR. FOTO DE 2019.

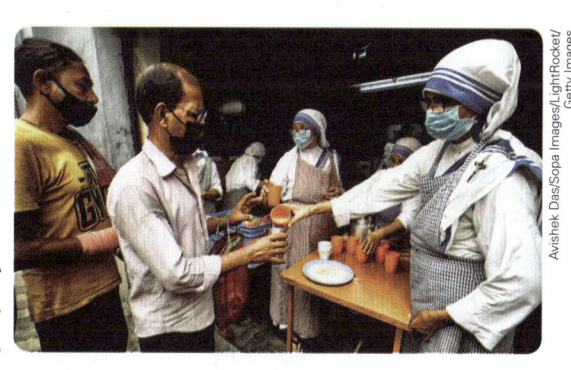

FREIRAS CATÓLICAS EM OBRA ASSISTENCIAL, EM CALCUTÁ, ÍNDIA. FOTO DE 2022.

1 O QUE AS PESSOAS QUE VIVEM EM DIFERENTES COMUNIDADES RELIGIOSAS TÊM EM COMUM?

2 VOCÊ CONHECE RELIGIOSOS COMO OS CITADOS NESTA PÁGINA? CONTE AOS COLEGAS.

APRENDENDO UNS COM OS OUTROS

OS ESPAÇOS DE ENCONTRO DAS COMUNIDADES RELIGIOSAS

AS COMUNIDADES RELIGIOSAS, EM DIFERENTES LOCALIDADES, REÚNEM-SE EM ESPAÇOS DE CONVIVÊNCIA DIVERSOS. NELES, COMPARTILHAM A FÉ, CRENÇAS, COSTUMES, RITUAIS E PRÁTICAS CELEBRATIVAS.

1 OBSERVE AS IMAGENS E LEIA OS TEXTOS. EM SEGUIDA, SUBSTITUA OS NÚMEROS PELAS LETRAS CORRESPONDENTES, DE ACORDO COM O QUADRO, E DESCUBRA O NOME DO ESPAÇO SAGRADO DE ALGUMAS COMUNIDADES RELIGIOSAS.

J	U	S	C	Q	R	L	T	I	O	N	G	M	E	A
1	2	3	4	5	6	7	8	9	10	11	12	13	14	15

A. AS COMUNIDADES DO **CANDOMBLÉ** REÚNEM-SE EM ESPAÇOS COMO ESTE PARA REALIZAR SEUS CULTOS E PRESERVAR A MEMÓRIA DE SEUS ANCESTRAIS.

8	14	6	6	14	9	6	10

TERREIRO ILÊ OBA L'OKÊ, EM SALVADOR, BAHIA.

B. AS COMUNIDADES DOS **JUDEUS** CELEBRAM SEUS CULTOS E COMPARTILHAM A PALAVRA DE DEUS NESTE ESPAÇO. ALGUNS DELES TÊM A ESTRELA DE DAVI, UM DOS SÍMBOLOS DO JUDAÍSMO.

3	9	11	15	12	10	12	15

SINAGOGA DE ERDINE, NA TURQUIA. FOTO DE 2022.

C. AS COMUNIDADES **MUÇULMANAS** FREQUENTAM ESSE ESPAÇO SAGRADO PARA REALIZAR SUAS ORAÇÕES E RECITAR VERSOS DO LIVRO SAGRADO, O ALCORÃO. ESSAS CONSTRUÇÕES COSTUMAM TER TORRES, QUE SIMBOLIZAM A PRESENÇA DO ISLÃ NA CIDADE, E CÚPULAS QUE REPRESENTAM A ABÓBADA DO CÉU.

13	14	3	5	2	9	8	15

MESQUITA BIBI-HEYBAT EM BAKU, AZERBAIJÃO. FOTO DE 2022.

D. AS COMUNIDADES DOS FIÉIS **CATÓLICOS** COSTUMAM REUNIR-SE NESSES ESPAÇOS PARA REZAR, CELEBRAR A MISSA, OS SACRAMENTOS E REFLETIR A RESPEITO DA MENSAGEM DO EVANGELHO.

9	12	6	14	1	15

IGREJA MATRIZ DE SANTO ANTÔNIO EM TIRADENTES, MINAS GERAIS. FOTO DE 2022.

2 EM GRUPO, COM O APOIO DO(A) PROFESSOR(A), PROCUREM NOMES, IMAGENS E CARACTERÍSTICAS DE ESPAÇOS SAGRADOS DE OUTRAS RELIGIÕES.

3 POR QUE É IMPORTANTE RESPEITARMOS OS ESPAÇOS SAGRADOS, TANTO OS DE NOSSA RELIGIÃO QUANTO OS DE OUTRAS COMUNIDADES RELIGIOSAS?

OFICINA DO BRINCAR

MESTRE DE OBRAS DA CASA COMUM

APRENDEMOS QUE PARTICIPAMOS DE DIFERENTES GRUPOS E COMUNIDADES RELIGIOSAS. OS CRISTÃOS COSTUMAM REFERIR-SE ÀS SUAS COMUNIDADES RELIGIOSAS COMO A IGREJA.

PARA ELES, A IGREJA É UMA CONSTRUÇÃO COLETIVA DE TODOS OS FILHOS E FILHAS DE DEUS.

POR ISSO, PODEMOS DIZER QUE A IGREJA É FORMADA PELO POVO DE DEUS.

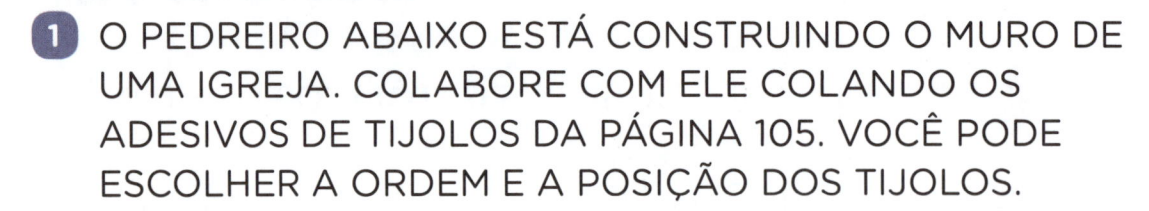

1 O PEDREIRO ABAIXO ESTÁ CONSTRUINDO O MURO DE UMA IGREJA. COLABORE COM ELE COLANDO OS ADESIVOS DE TIJOLOS DA PÁGINA 105. VOCÊ PODE ESCOLHER A ORDEM E A POSIÇÃO DOS TIJOLOS.

RESPEITO

2 DEPOIS DE COLAR OS ADESIVOS DE TIJOLOS, VOCÊ DEVE TER PERCEBIDO QUE, EM CADA TIJOLO, HÁ UMA PALAVRA ESCRITA. CADA PALAVRA É O NOME DE UM VALOR OU DE UMA ATITUDE. CONVERSE COM OS COLEGAS SOBRE COMO A PRÁTICA DESSES VALORES E DESSAS ATITUDES NOS AJUDA A CUIDAR DE NOSSA IGREJA.

PROJETO CIDADANIA

BUSCADORES DE RELÍQUIAS

VOCÊ SABIA QUE COISAS ANTIGAS PODEM GUARDAR UM VALOR SENTIMENTAL PARA AS PESSOAS, GERALMENTE POR TEREM PERTENCIDO A UMA PESSOA QUERIDA OU POR LEMBRAREM ACONTECIMENTOS IMPORTANTES?

NESTE PROJETO, CONVIDAMOS VOCÊ A SER UM(A) BUSCADOR(A) DE OBJETOS OU LEMBRANÇAS RELIGIOSAS DE SUA FAMÍLIA E A DESCOBRIR O VALOR QUE ESSES OBJETOS GUARDAM. VAMOS LÁ!

PARTIDA

Carlitos Pinheiro/ID/BR

1. COM O APOIO DO(A) PROFESSOR(A), REALIZE UMA VISITA, FÍSICA OU VIRTUAL, A UM MUSEU OU OUTRO ESPAÇO CULTURAL QUE PRESERVE A MEMÓRIA DE OBJETOS RELIGIOSOS EM SUA CIDADE OU EM SEU ESTADO.

2. COM O AUXÍLIO DE SEUS FAMILIARES, PROCURE E ESCOLHA UM OBJETO RELIGIOSO DE SUA FAMÍLIA QUE VOCÊ TENHA AUTORIZAÇÃO PARA LEVAR À ESCOLA. ESSE OBJETO SERÁ IMPORTANTE PARA A PRÓXIMA ETAPA DO PROJETO.

PARABÉNS, COM ESSAS INFORMAÇÕES VOCÊ ESTÁ PREPARADO(A) PARA A PRÓXIMA ETAPA DO PROJETO!

APRENDER SEMPRE

VIVENDO EM COMUNIDADE

AS PESSOAS FAZEM PARTE DE VÁRIAS COMUNIDADES AO MESMO TEMPO.

MUITAS DESSAS COMUNIDADES SÃO MAIORES QUE NOSSO BAIRRO, NOSSA ESCOLA OU NOSSO PAÍS.

A **COMUNIDADE INDÍGENA** É FORMADA POR MUITOS POVOS DIFERENTES.

HÁ INDÍGENAS ESPALHADOS PELOS CINCO CONTINENTES.

OS INDÍGENAS FORAM OS PRIMEIROS HABITANTES DO BRASIL.

FAMÍLIA KAINGANG EM SALTO DO JACUÍ, RIO GRANDE DO SUL. FOTO DE 2022.

A **COMUNIDADE CIENTÍFICA** É FORMADA POR HOMENS E MULHERES QUE, ENTRE OUTRAS COISAS, FAZEM PESQUISAS NAS MAIS DIVERSAS ÁREAS DO CONHECIMENTO.

ELES ESTÃO SEMPRE EM COMUNICAÇÃO UNS COM OS OUTROS PARA COMPARTILHAR SUAS DESCOBERTAS.

CIENTISTA EM BOSTON, ESTADOS UNIDOS. FOTO DE 2023.

AS PESSOAS QUE TÊM A MESMA RELIGIÃO, AINDA QUE VIVAM EM LUGARES DIFERENTES, FORMAM UMA **COMUNIDADE RELIGIOSA**. A CATÓLICA É UMA DAS COMUNIDADES RELIGIOSAS DO MUNDO.

PAPA FRANCISCO NA PROCISSÃO DE ABERTURA DO SÍNODO DA AMAZÔNIA, NA CIDADE DO VATICANO. FOTO DE 2019.

A **COMUNIDADE DIGITAL** É FORMADA PELAS PESSOAS QUE UTILIZAM A INTERNET PARA APRENDER E PARA SE RELACIONAR. ESSAS PESSOAS TAMBÉM SÃO CHAMADAS DE INTERNAUTAS.

PAI E FILHOS REALIZANDO VIDEOCHAMADA, NA SÉRVIA. FOTO DE 2021.

- EM DUPLA, RESPONDAM:
  - A. VOCÊS FAZEM PARTE DE ALGUMA DAS COMUNIDADES REPRESENTADAS NO TEXTO?
  - B. É POSSÍVEL PERTENCER A UMA COMUNIDADE SEM CONHECER PESSOALMENTE TODOS OS SEUS MEMBROS? CITEM UM EXEMPLO.

SEMEAR MUDANÇAS

RESPEITAR AS COMUNIDADES RELIGIOSAS

NESTE CAPÍTULO, APRENDEMOS QUE AS COMUNIDADES RELIGIOSAS POSSUEM CARACTERÍSTICAS COMUNS: COMPARTILHAM A MESMA CRENÇA, POSSUEM ESPAÇOS SAGRADOS E REALIZAM CULTOS. AO MESMO TEMPO, CADA UM DESSES ASPECTOS APRESENTA TRAÇOS ESPECÍFICOS, QUE TORNAM CADA COMUNIDADE RELIGIOSA ÚNICA E ESPECIAL.

POR ISSO, SOMOS CONVIDADOS A VALORIZAR E A RESPEITAR TODAS AS COMUNIDADES RELIGIOSAS.

1 DEPOIS DE LER AS DESCRIÇÕES DAS PLACAS, CRIE DESENHOS QUE ILUSTREM CADA UMA DELAS NO LUGAR INDICADO.

EVITE SOM ALTO, LUGAR DE CULTO.	RESPEITO À COMUNIDADE	ESPAÇO SAGRADO, PRESERVE.

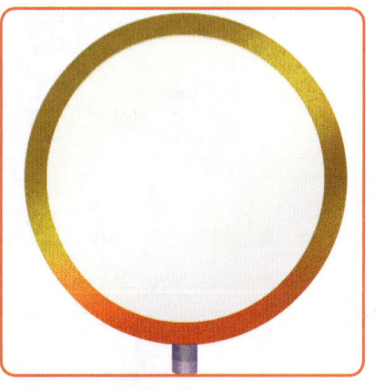

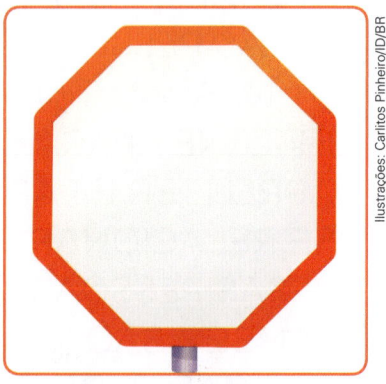

Ilustrações: Carlitos Pinheiro/ID/BR

- EM GRUPO, CONVERSEM SOBRE O SIGNIFICADO DAS TRÊS PLACAS, BUSCANDO EXEMPLOS DE ATITUDES DE RESPEITO ÀS DIFERENTES COMUNIDADES RELIGIOSAS.

2 EM CASA, MOSTRE A SEUS FAMILIARES OU RESPONSÁVEIS O QUE APRENDEU NESTE CAPÍTULO. DEPOIS, PEÇA A ELES QUE RELATEM ALGUMAS DE SUAS EXPERIÊNCIAS RELIGIOSAS VIVENCIADAS NAS COMUNIDADES DAS QUAIS PARTICIPAM.

A ESCOLA É UMA COMUNIDADE

3 OBSERVE AS CENAS ABAIXO.

NA ESCOLA, TENHO ATITUDES DE RESPEITO QUANDO...

ESPERO A MINHA VEZ DE FALAR.

PRESTO ATENÇÃO NAS AULAS.

TRATO COM EDUCAÇÃO OS FUNCIONÁRIOS DA ESCOLA.

CUIDO DO AMBIENTE DA ESCOLA.

4 CONVERSE COM OS COLEGAS SOBRE OUTRAS ATITUDES DE RESPEITO NA ESCOLA. DEPOIS, ESCOLHA UMA DELAS E DESENHE-A EM UMA FOLHA À PARTE.

PESSOAS E LUGARES

OS QUILOMBOLAS

AS COMUNIDADES QUILOMBOLAS SÃO FORMADAS PELOS DESCENDENTES DOS AFRICANOS QUE FORAM ESCRAVIZADOS. NO BRASIL, HÁ MAIS DE 3 MIL COMUNIDADES QUILOMBOLAS ESPALHADAS POR TODO O TERRITÓRIO. AGORA, VAMOS CONHECER AS COMUNIDADES QUILOMBOLAS QUE VIVEM NO MUNICÍPIO DE ORIXIMINÁ, NO ESTADO DO PARÁ.

ESSAS COMUNIDADES ESTÃO LOCALIZADAS NAS MARGENS DOS RIOS TROMBETAS, EREPECURU, CUMINÁ E ACAPU, NA FLORESTA AMAZÔNICA. SEUS HABITANTES SE COMPROMETEM COM A PRESERVAÇÃO AMBIENTAL E A DEFESA CONTRA A EXPLORAÇÃO MINERAL. POR ISSO, ELES SÃO CONTRÁRIOS AOS PLANOS DE CONSTRUÇÃO DE HIDRELÉTRICAS QUE AMEAÇAM OS DIREITOS DOS POVOS INDÍGENAS E QUILOMBOLAS.

AS COMUNIDADES QUILOMBOLAS GERALMENTE SÃO FORMADAS PELAS MORADIAS DAS FAMÍLIAS E POR UM CENTRO COMUNITÁRIO. NESSE CENTRO ESTÃO A ESCOLA, A CAPELA E O BARRACÃO ONDE OCORREM AS FESTAS E AS REUNIÕES DAS FAMÍLIAS.

NAS COMUNIDADES TAMBÉM TEM UM CAMPO DE FUTEBOL, ONDE HOMENS E MULHERES PARTICIPAM DE JOGOS E TORNEIOS.

CADA FAMÍLIA POSSUI UM PEDAÇO DE TERRA PARA CULTIVAR SEUS ALIMENTOS. NO ENTANTO, AS FAMÍLIAS COSTUMAM SE REUNIR EM *PUXIRUNS* (MUTIRÕES) PARA REALIZAR TRABALHOS COLETIVOS. JUNTAS, ELAS CAÇAM, EXTRAEM PRODUTOS DA FLORESTA – COMO CASTANHA-DO-PARÁ, AÇAÍ, BACABA, CIPÓ-TITICA, PALHA E BREU –, PESCAM NOS RIOS E CULTIVAM MANDIOCA, BANANA E MILHO. OS QUILOMBOLAS DE ORIXIMINÁ PARTILHAM VALORES FAMILIARES QUE NÃO PERMITEM QUE AS TERRAS DAS COMUNIDADES SEJAM VENDIDAS.

OS QUILOMBOLAS DE ORIXIMINÁ TÊM UMA SABEDORIA ANCESTRAL, E ESSA SABEDORIA FAVORECE SUA INTEGRAÇÃO COM A NATUREZA. É DA NATUREZA QUE ELES TIRAM OS MATERIAIS PARA CONSTRUIR MORADIAS E FABRICAR OS MAIS VARIADOS OBJETOS. ELES TAMBÉM CONHECEM A MEDICINA NATURAL E FAZEM USO DE PLANTAS E CHÁS.

PESSOAS E LUGARES

NA CULTURA DAS COMUNIDADES QUILOMBOLAS DE ORIXIMINÁ, AS DANÇAS, COMO LUNDUM, VALSA E MAZURCA, E AS MÚSICAS POPULARES DO PARÁ, COMO AS DO GÊNERO BREGA, ANIMAM AS FESTAS AO SOM DE INSTRUMENTOS.

... A ESPERANÇA DO NOSSO POVO.

AS RODAS DE CONVERSA SÃO IMPORTANTES PARA AS COMUNIDADES COMPARTILHAREM OS SABERES, OS COSTUMES E A RELIGIOSIDADE DE SEUS ANTEPASSADOS QUILOMBOLAS.

NOSSO POVO TEM UMA HISTÓRIA DE LUTA E RESISTÊNCIA.

MUITAS DAS FESTAS TRADICIONAIS DOS QUILOMBOLAS TÊM INFLUÊNCIAS DA CULTURA INDÍGENA E DO CATOLICISMO. UMA DESSAS FESTAS É O *AIUÊ* (A FESTA) DE SÃO BENEDITO, QUE ACONTECE TODOS OS ANOS, NO DIA 6 DE JANEIRO. A COMUNIDADE JAUARI, POR EXEMPLO, CELEBRA UMA FESTA DE AGRADECIMENTO AO SANTO PELA FARTURA DA COMUNIDADE. NESSA FESTA, OS PARTICIPANTES ENTOAM LADAINHAS EM LATIM. EM OUTRAS COMUNIDADES, A COMEMORAÇÃO É CONHECIDA TAMBÉM COMO MARAMBIRÉ.

Ilustrações: Cris Eich/ID/BR

ATIVIDADES

1. COM A AJUDA DE SEUS FAMILIARES, PESQUISE A HISTÓRIA DE SÃO BENEDITO EM LIVROS, EM REVISTAS OU NA INTERNET. COM AS INFORMAÇÕES QUE ENCONTRAR, FAÇA UMA HISTÓRIA EM QUADRINHOS NOS ESPAÇOS ABAIXO, CONTANDO OS PRINCIPAIS ACONTECIMENTOS DA VIDA DO SANTO.

2. NOVAMENTE COM A AJUDA DE SEUS FAMILIARES, FAÇA UMA PESQUISA SOBRE AS CELEBRAÇÕES DAS COMUNIDADES QUILOMBOLAS BRASILEIRAS EM HOMENAGEM A SÃO BENEDITO. DEPOIS, FAÇA UM DESENHO DESSA FESTA NO ESPAÇO ABAIXO.

3. NA SALA DE AULA, MOSTRE SEU DESENHO AOS COLEGAS, APRESENTANDO A ELES A COMUNIDADE QUILOMBOLA QUE VOCÊ ESCOLHEU REPRESENTAR.

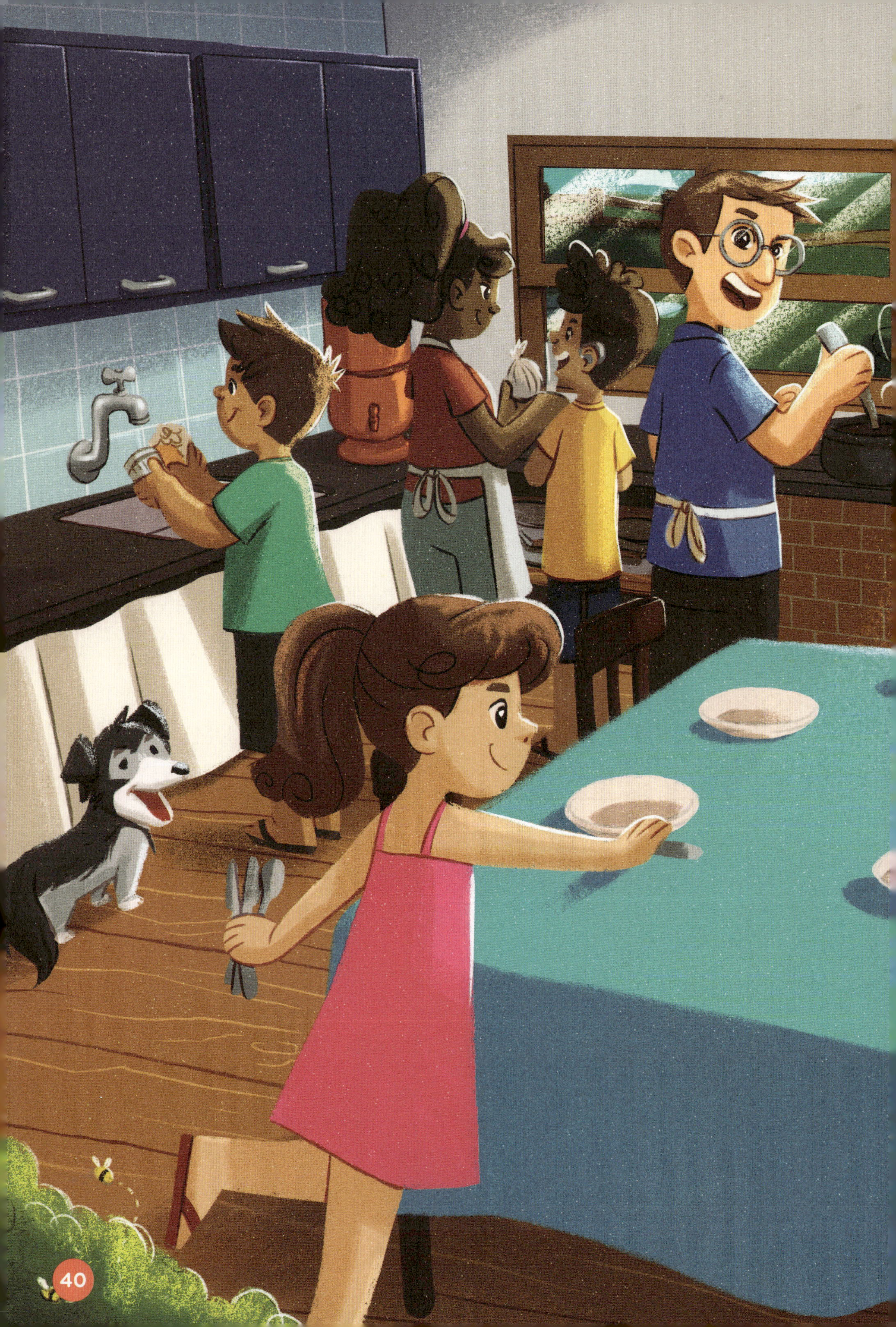

CAPÍTULO 3

FAZEMOS PARTE DE UMA FAMÍLIA

PARA REFLETIR E CONVERSAR

1. QUAL AÇÃO É REPRESENTADA NA CENA?
2. O QUE CADA UMA DAS PESSOAS ESTÁ FAZENDO?
3. NA OPINIÃO DE VOCÊS, COMO FI AS ESTÃO SE SENTINDO?
4. HÁ ALGUMA SEMELHANÇA ENTRE ESSA CENA E O QUE VOCÊS FAZEM TODOS OS DIAS?

DESCOBRINDO

A GRAVIDEZ DE MARIA E A ALEGRIA DO NASCIMENTO DE JESUS

APÓS O ANJO GABRIEL ANUNCIAR A MARIA QUE ELA SERIA A MÃE DE JESUS, ELA FOI CONTENTE VISITAR SUA PRIMA ISABEL. AO CHEGAR À CASA DA PRIMA, SAUDOU ISABEL, QUE, AO OUVIR A SAUDAÇÃO, SENTIU SEU FILHO, JOÃO BATISTA, DAR UM SALTO EM SEU VENTRE. ISABEL, ALEGRE, EXCLAMOU:

— BENDITA TU ÉS ENTRE TODAS AS MULHERES E BENDITO É O FRUTO DO TEU VENTRE.

MARIA FICOU FELIZ E PERMANECEU COM ISABEL DURANTE TRÊS MESES E DEPOIS VOLTOU PARA CASA.

QUANDO MARIA ESTAVA GRÁVIDA, AUGUSTO, O IMPERADOR ROMANO, ORDENOU QUE CONTASSEM TODAS AS PESSOAS DO IMPÉRIO, CADA QUAL EM SUA CIDADE NATAL. JOSÉ E MARIA TIVERAM DE VIAJAR A BELÉM, PORQUE OS ANTEPASSADOS DE JOSÉ MORARAM NESSA CIDADE.

Ilustrações: Eloar Guazzelli/ID/BR

QUANDO CHEGARAM A BELÉM, MARIA ESTAVA PRESTES A DAR À LUZ. JÁ ERA NOITE E NÃO ENCONTRARAM VAGA EM NENHUMA HOSPEDARIA. ENTÃO, MARIA E JOSÉ TIVERAM DE SE ACOMODAR EM UM ESTÁBULO. E FOI ALI QUE JESUS NASCEU. APÓS SEU NASCIMENTO, RECEBEU A VISITA DE PASTORES E DOS SÁBIOS DO ORIENTE, QUE FICARAM FELIZES EM CONHECER JESUS.

DIAS APÓS O NASCIMENTO DE JESUS, MARIA E JOSÉ O LEVARAM AO TEMPLO DE JERUSALÉM. ERA COSTUME DOS JUDEUS APRESENTAR AS CRIANÇAS RECÉM-NASCIDAS A DEUS. NO TEMPLO, ENCONTRARAM-SE COM UM ANCIÃO CHAMADO SIMEÃO. QUANDO SIMEÃO VIU JESUS, TOMOU-O EM SEUS BRAÇOS E DEU GRAÇAS A DEUS POR TÊ-LO CONHECIDO.

— SENHOR, MEUS OLHOS VIRAM TEU SALVADOR, QUE EXIBISTE A TODOS OS POVOS COMO LUZ A ILUMINAR AS NAÇÕES.

PARA REFLETIR E CONVERSAR

1. COMO SE CHAMAVAM A PRIMA DE MARIA E O PRIMO DE JESUS?
2. POR QUE MARIA E JOSÉ PRECISARAM VIAJAR PARA BELÉM?
3. QUE COSTUME DOS JUDEUS MARIA E JOSÉ SEGUIRAM?
4. POR QUE O ANCIÃO SIMEÃO FICOU FELIZ EM CONHECER JESUS?

COMPREENDENDO O MUNDO

A FAMÍLIA NOS AJUDA A CRESCER

A FAMÍLIA NOS ACOMPANHA E ESTÁ SEMPRE AO NOSSO LADO, NOS AJUDANDO A CRESCER.

OBSERVE COMO A FAMÍLIA É IMPORTANTE EM NOSSA VIDA.

ELA CUIDA DE NÓS.

PAI CUIDANDO DE FILHO EM SÃO PAULO. FOTO DE 2021.

ELA NOS ENSINA A COLABORAR COM ALEGRIA.

PAI E FILHO COZINHANDO EM MACEIÓ, ALAGOAS. FOTO DE 2022.

ELA NOS ENSINA A CONVIVER COM TODOS.

MULHERES E CRIANÇAS GUARANIS EM CASA DE REZA EM BERTIOGA, SÃO PAULO. FOTO DE 2022.

ELA É NOSSA PRIMEIRA ESCOLA.

MÃE E FILHO NO QUILOMBO DA LAPINHA, EM MATIAS CARDOSO, MINAS GERAIS. FOTO DE 2022.

PARA REFLETIR E CONVERSAR

1. O QUE AS FAMÍLIAS DAS IMAGENS ESTÃO FAZENDO?
2. CONVERSEM COM OS COLEGAS: POR QUE A FAMÍLIA É NOSSA PRIMEIRA ESCOLA?

1 APRESENTE SUA FAMÍLIA.

- DESENHE ALGUMAS PESSOAS QUE FAZEM PARTE DE SUA FAMÍLIA E ESCREVA O NOME DE CADA UMA DELAS. DEPOIS, APRESENTE-AS AOS COLEGAS.

2 O QUE SUA FAMÍLIA ENSINOU A VOCÊ DE MAIS IMPORTANTE? ILUSTRE SUA RESPOSTA EM UM CARTAZ FEITO POR VOCÊ, QUE SERÁ EXPOSTO NA ESCOLA.

_____

_____

3 FORME UMA FRASE COM A PALAVRA "FAMÍLIA".

_____

_____

APRENDENDO UNS COM OS OUTROS

A FAMÍLIA NOS TRANSMITE A FÉ

No **JUDAÍSMO**, os familiares costumam se reunir às sextas-feiras para compartilhar momentos juntos e saudar o sábado, considerado pelos judeus um dia sagrado e de descanso.

FAMÍLIA JUDIA CELEBRANDO HANUCÁ. FOTO DE 2022.

No **ISLAMISMO**, é comum os familiares se reunirem para celebrar o fim do Ramadã, um período em que os muçulmanos praticam o jejum.

FAMÍLIA MUÇULMANA EM REFEIÇÃO APÓS O JEJUM DO RAMADÃ. FOTO DE 2020.

Os **MÓRMONS** se reúnem para, em família, reviver o dia a dia dos pioneiros, que desbravaram o interior dos Estados Unidos. Assim, eles reverenciam seus antepassados e aprendem a humildade.

FAMÍLIA MÓRMON EM UTAH, ESTADOS UNIDOS, REFAZENDO A JORNADA DE SEUS ANTEPASSADOS. FOTO DE 2016.

1 Sua família tem algo em comum com as famílias descritas nesta página?

2 O que você e sua família costumam fazer juntos? Conte aos colegas.

OS ANCIÃOS E AS ANCIÃS NAS FAMÍLIAS E NAS RELIGIÕES

EM DIVERSAS CULTURAS, OS ANCIÃOS E AS ANCIÃS SÃO CONSIDERADOS PORTADORES DE SABEDORIA.

PARA CERTOS **POVOS AFRICANOS**, OS ANCIÃOS E AS ANCIÃS OCUPAM UM LUGAR DE DESTAQUE, PORQUE ACREDITA-SE QUE ELES ESTÃO MAIS PRÓXIMOS DAS DIVINDADES E SE COMUNICAM COM ELAS. ELES SÃO RECONHECIDOS POR SUA SABEDORIA E ACONSELHAM OS ADULTOS E OS JOVENS.

FESTA DOS PRETOS VELHOS NA FUNDAÇÃO MUNICIPAL DA CULTURA, EM BELO HORIZONTE, MINAS GERAIS. FOTO DE 2018.

NO JAPÃO, É COMEMORADO O *KEIRO NO HI*, DIA DO RESPEITO AOS IDOSOS. NESSA CELEBRAÇÃO, OS **JAPONESES** VISITAM SEUS PARENTES IDOSOS, AGRADECEM POR SUAS CONTRIBUIÇÕES E ORAM POR SUA LONGEVIDADE.

COMEMORAÇÃO DO DIA DO RESPEITO AOS IDOSOS EM TÓQUIO, JAPÃO. FOTO DE 2018.

3 COM A AJUDA DE SEUS FAMILIARES, PESQUISE O DIA MUNDIAL DOS AVÓS E DOS IDOSOS. DEPOIS, RESPONDA ÀS PERGUNTAS A SEGUIR.

A. QUANDO A DATA É COMEMORADA?

B. PARA COMEMORAR ESSA DATA, SEMPRE É PROPOSTO UM TEMA. QUAL FOI O TEMA DO ÚLTIMO ANO?

OFICINA DO BRINCAR

HISTORIADORES DE FAMÍLIAS

VOCÊ SABE O QUE O(A) HISTORIADOR(A) FAZ?

ELE(A) NOS AJUDA A COMPREENDER NOSSA VIDA ESTUDANDO O PASSADO. PARA ISSO, ELE(A) UTILIZA DIVERSAS PISTAS DEIXADAS PELAS PESSOAS, COMO FOTOS, OBJETOS, MÚSICAS, ENTRE OUTRAS.

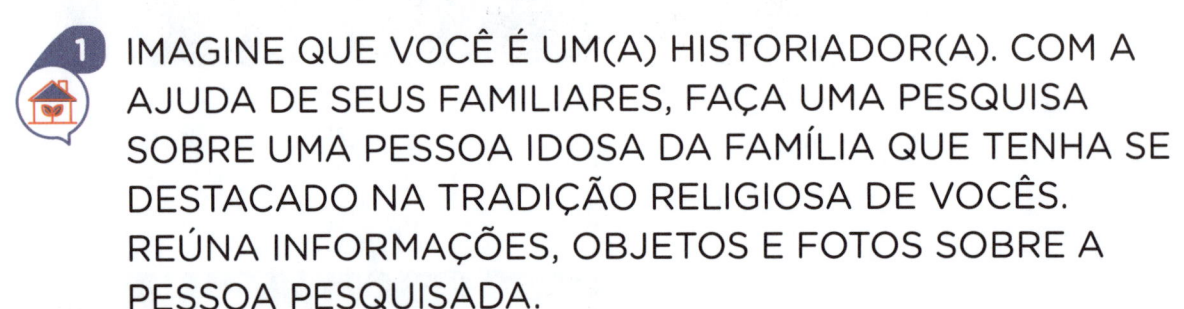

1. IMAGINE QUE VOCÊ É UM(A) HISTORIADOR(A). COM A AJUDA DE SEUS FAMILIARES, FAÇA UMA PESQUISA SOBRE UMA PESSOA IDOSA DA FAMÍLIA QUE TENHA SE DESTACADO NA TRADIÇÃO RELIGIOSA DE VOCÊS. REÚNA INFORMAÇÕES, OBJETOS E FOTOS SOBRE A PESSOA PESQUISADA.

2. FAÇA UM DESENHO DA TRADIÇÃO RELIGIOSA QUE ESSA PESSOA IDOSA AJUDOU A TRANSMITIR. APRESENTE AS CARACTERÍSTICAS DA TRADIÇÃO E OS FAMILIARES QUE PARTICIPAM DELA.

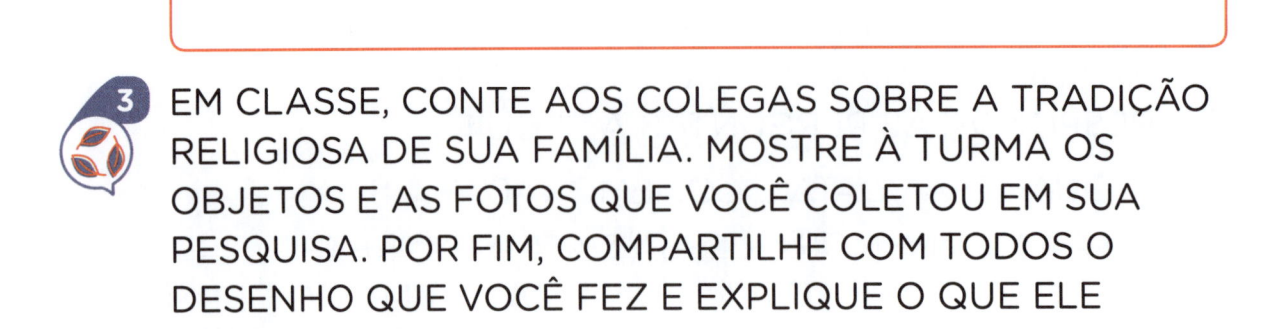

3. EM CLASSE, CONTE AOS COLEGAS SOBRE A TRADIÇÃO RELIGIOSA DE SUA FAMÍLIA. MOSTRE À TURMA OS OBJETOS E AS FOTOS QUE VOCÊ COLETOU EM SUA PESQUISA. POR FIM, COMPARTILHE COM TODOS O DESENHO QUE VOCÊ FEZ E EXPLIQUE O QUE ELE REPRESENTA.

OFICINA DE HISTÓRIAS

A LENDA DA MANDIOCA

CONTA-SE QUE NASCEU ENTRE OS TUPIS UMA INDÍGENA DE PELE MUITO BRANCA. ELA ERA SILENCIOSA, MEIO DOENTE. COMIA E BEBIA POUCO E PARECIA ESCONDER UM MISTÉRIO. SEU NOME ERA MANI.

EM UMA MANHÃ, ELA NÃO SE LEVANTOU DA REDE. MESMO DEPOIS DAS ERVAS E DOS RITUAIS DO PAJÉ, A MENINA CONTINUAVA IMÓVEL, MAS SORRINDO.

SUA MORTE FOI CONFIRMADA E SEUS PAIS A ENTERRARAM NA OCA ONDE MORAVAM. TODOS OS DIAS REGAVAM A COVA, UM COSTUME ENTRE OS TUPI.

CERTO DIA, NOTARAM CRESCER DA COVA UMA PLANTA VERDE E VIÇOSA QUE NINGUÉM CONHECIA.

PASSADOS ALGUNS DIAS, A PLANTA CONTINUAVA A CRESCER, E OS PAIS RESOLVERAM CAVAR A TERRA. ENTÃO, VIRAM RAÍZES GROSSAS E MORENAS, COMO A PELE DOS CURUMINS, MAS DENTRO DA PLANTA A POLPA ERA BRANCA. SURGIA, ASSIM, A MANDIOCA: DA TERRA OCA DE MANI, MANI-OCA.

FONTE DE PESQUISA: MARIA THEREZA CUNHA DE GIACOMO (ADAPTAÇÃO). *A LENDA DA MANDIOCA*. SÃO PAULO: EDIÇÕES MELHORAMENTOS, 1977.

- CONVERSE COM SEUS FAMILIARES E DESCUBRA UMA RECEITA USADA POR ELES NA QUAL A MANDIOCA SEJA UM DOS INGREDIENTES PRINCIPAIS. ANOTE A RECEITA NO CADERNO E, EM UM DIA PREVIAMENTE COMBINADO, COMPARTILHE-A COM OS COLEGAS.

APRENDER SEMPRE

A DIVERSIDADE DAS FAMÍLIAS NO MUNDO

A FAMÍLIA, EM SUAS VARIADAS FORMAÇÕES, É A BASE DA SOCIEDADE EM TODO O MUNDO.

POR ISSO, EM MUITAS **FAMÍLIAS BRASILEIRAS**, HÁ UNIÃO DE PESSOAS DE CULTURAS E HÁBITOS DISTINTOS.

FAMÍLIA BRASILEIRA EM GEMINIANO, PIAUÍ. FOTO DE 2022.

A POPULAÇÃO BRASILEIRA É FORMADA POR PESSOAS COM CARACTERÍSTICAS DIVERSAS. ISSO ACONTECE PORQUE SOMOS DESCENDENTES DE VÁRIOS POVOS, COMO OS EUROPEUS, OS ASIÁTICOS, OS AFRICANOS E OS INDÍGENAS.

EM MUITAS **FAMÍLIAS NIGERIANAS** É COMUM QUE PAIS, FILHOS, TIOS, PRIMOS, AVÓS E OUTROS PARENTES MOREM BEM PERTO UNS DOS OUTROS OU ATÉ MESMO TODOS JUNTOS. ESSE TIPO DE CONJUNTO FAMILIAR É CHAMADO DE FAMÍLIA ESTENDIDA.

FAMÍLIA NIGERIANA EM KANO, NIGÉRIA. FOTO DE 2017.

EM MUITAS **FAMÍLIAS INDÍGENAS** TODA A COMUNIDADE TAMBÉM É CONSIDERADA PARTE DA FAMÍLIA. NAS ALDEIAS, AS TAREFAS SÃO DIVIDIDAS ENTRE HOMENS, MULHERES, IDOSOS, JOVENS E CRIANÇAS.

FAMÍLIA INDÍGENA XAVANTE, EM GENERAL CARNEIRO, MATO GROSSO. FOTO DE 2020.

- CONVERSE COM OS COLEGAS SOBRE OS TIPOS DE FAMÍLIA APRESENTADOS.
  A. QUE TIPO DE FAMÍLIA SE PARECE MAIS COM A SUA? POR QUÊ?
  B. QUE TIPO DE FAMÍLIA É A MAIS DIFERENTE DA SUA? POR QUÊ?

SEMEAR MUDANÇAS

AS FAMÍLIAS SÃO DIFERENTES

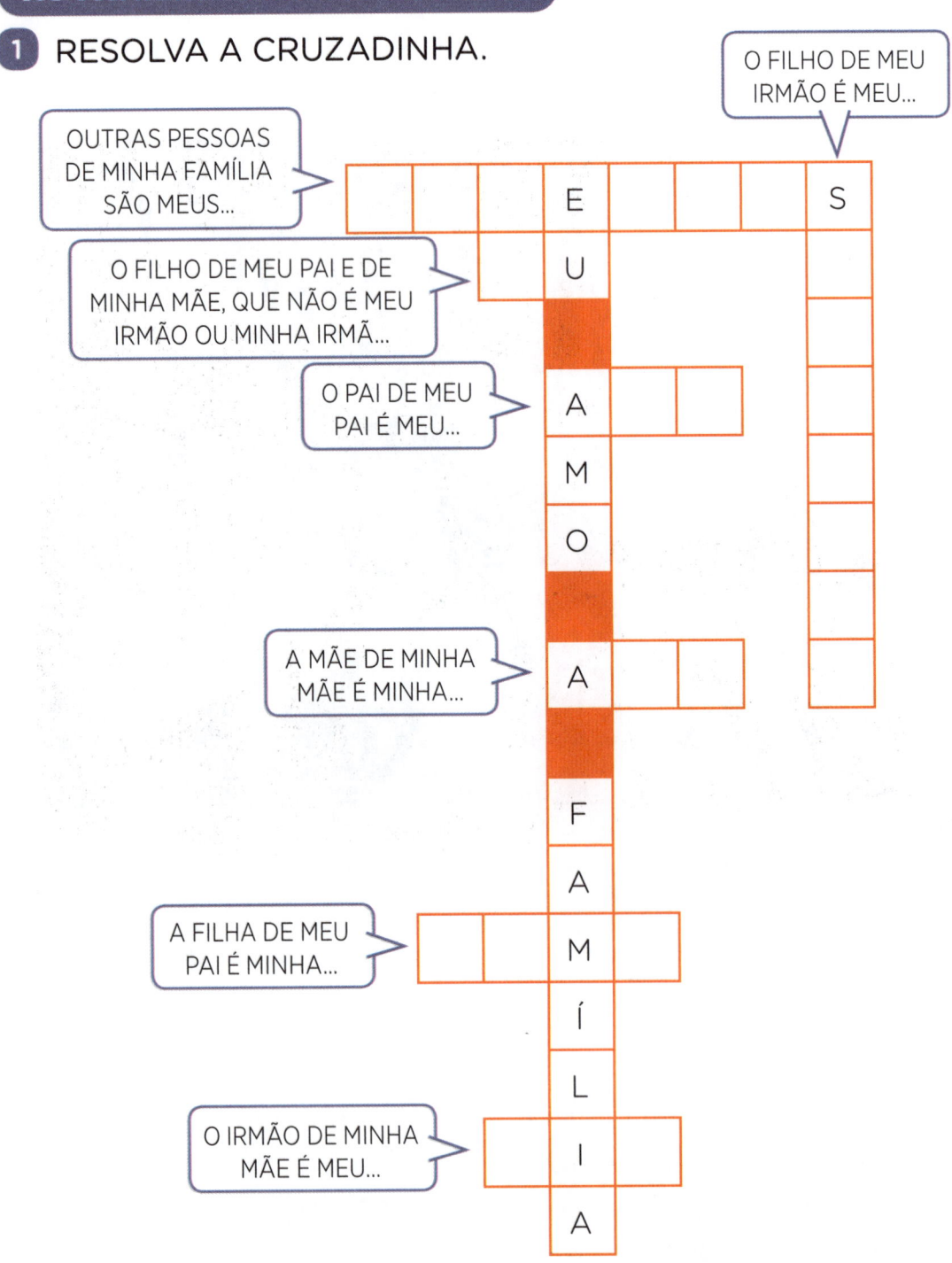

1 RESOLVA A CRUZADINHA.

- OUTRAS PESSOAS DE MINHA FAMÍLIA SÃO MEUS... (PARENTES)
- O FILHO DE MEU IRMÃO É MEU... (SOBRINHO)
- O FILHO DE MEU PAI E DE MINHA MÃE, QUE NÃO É MEU IRMÃO OU MINHA IRMÃ... (EU)
- O PAI DE MEU PAI É MEU... (AVÔ)
- A MÃE DE MINHA MÃE É MINHA... (AVÓ)
- A FILHA DE MEU PAI É MINHA... (FAMÍLIA)
- O IRMÃO DE MINHA MÃE É MEU... (TIO)

2 EM SUA FAMÍLIA, HÁ TODOS ESSES MEMBROS? CONVERSE COM OS COLEGAS PARA SABER SE A FAMÍLIA DELES É GRANDE OU PEQUENA.

VALORIZAR OS ENSINAMENTOS DOS BISAVÓS E AVÓS

3 EM CASA, CONVERSE COM SUA FAMÍLIA SOBRE SEUS ANTEPASSADOS.

BISAVÓS SÃO OS PAIS DE SEUS AVÓS.

A. O QUE SUA FAMÍLIA APRENDEU COM SEUS BISAVÓS? APONTE TRÊS COISAS.

_____
_____
_____
_____
_____

AVÓS SÃO OS PAIS DE SEUS PAIS.

B. O QUE SUA FAMÍLIA APRENDEU COM SEUS AVÓS? COMPLETE ABAIXO.

- A COZINHAR O QUÊ? _____

- A BRINCAR DE QUÊ? _____

- A FAZER O QUÊ? _____

- E A O QUE MAIS? _____

C. EM CLASSE, CONTE AOS COLEGAS O QUE APRENDEU SOBRE A HISTÓRIA DE SUA FAMÍLIA.

VIDRO   METAL   PLÁSTICO   PAPEL

54

CAPÍTULO 4

APRENDEMOS A SER SOLIDÁRIOS

PARA REFLETIR E CONVERSAR

1. Onde estão as crianças que aparecem na cena?
2. Elas estão se divertindo?
3. Na opinião de vocês, todas as crianças estão felizes?

DESCOBRINDO

O BOM SAMARITANO

Certo dia, um homem precisou viajar de Jerusalém para Jericó. Quando estava no meio do caminho, ele foi assaltado.

Os ladrões levaram tudo o que ele tinha e o agrediram.

O homem ficou caído no chão, ferido e muito triste.

Uma pessoa muito importante na região passou por ali e viu o homem ferido, mas, como tinha muita pressa, não parou para ajudá-lo.

Mais tarde, um homem que morava por perto passou pelo mesmo caminho. Mas esse também não parou.

Pouco tempo depois, passou por ali um viajante estrangeiro, vindo da Samaria. Ao ver o homem caído, ele parou e o ajudou.

Ilustrações: Eloar Guazzelli/ID/BR

Para cuidar melhor do homem ferido, o samaritano o levou até o povoado mais próximo.

O samaritano disse ao homem:

Fique aqui até que se recupere. Eu pagarei suas despesas.

PARA REFLETIR E CONVERSAR

1. Contem à turma, com suas palavras, o que aconteceu com o homem que viajava de Jerusalém para Jericó.
2. Quem o ajudou?

- No dia a dia, como é possível imitar o samaritano? Desenhe no espaço abaixo.

COMPREENDENDO O MUNDO

PRECISAMOS SER SOLIDÁRIOS

A parábola do bom samaritano nos explica que devemos ser solidários com todas as pessoas, principalmente com aquelas que necessitam de nossa ajuda.

A solidariedade é fundamental para convivermos uns com os outros. Somos solidários quando:

Cuidamos de outras pessoas.

Irmã mais velha cuidando de irmão nos Estados Unidos. Foto de 2022.

Dividimos o que temos.

Crianças partilhando refeição na Escócia. Foto de 2023.

Ensinamos o que sabemos.

Crianças estudando na Índia. Foto de 2022.

Ajudamos quem precisa.

Crianças caminhando na Índia. Foto de 2022.

PARA REFLETIR E CONVERSAR

1. Com os colegas, observem os quatro exemplos de solidariedade desta página e respondam: Vocês são solidários?
2. De que outras formas uma pessoa pode demonstrar solidariedade?

1 Converse com os colegas: Vocês viram que, na parábola do bom samaritano, solidariedade é fundamental para o bom convívio entre as pessoas. O que mais é importante para que as pessoas vivam bem em comunidade? Por quê?

2 Para a boa convivência, em qualquer ambiente, é necessário haver combinados entre as pessoas sobre o que podem ou não fazer. Escreva um combinado que colabore para:

a. a boa convivência na escola.

_____
_____
_____

b. a boa convivência em casa.

_____
_____
_____

3 A maioria das religiões comungam que devemos praticar atitudes de solidariedade. Leia algumas dessas atitudes:

Ser hospitaleiro(a) com as pessoas.

Ser cuidadoso(a) com a vida no planeta.

Ser caridoso(a) com as pessoas que precisam.

Ser solidário(a) com as gerações futuras.

- Agora, escolha uma dessas atitudes. Em uma folha à parte, faça um desenho para representá-la. Depois, exponha seu desenho no mural da sala de aula.

APRENDENDO UNS COM OS OUTROS

A REGRA DE OURO DAS RELIGIÕES

Em todas as religiões, há regras para que as pessoas vivam em harmonia. Uma delas é chamada de **regra de ouro** e é compartilhada por várias religiões do mundo.

1 Observe as imagens e preencha os quadradinhos com a primeira letra de cada desenho. Em seguida, você descobrirá a regra de ouro.

| T | R | A | T | E | | A | S |

| P | E | S | S | O | A | S |

| C | O | M | O | | V | O | C | Ê |

| G | O | S | T | A | R | I | A | | D | E |

| S | E | R | | T | R | A | T | A | D | O | .

Agora, vamos conhecer alguns exemplos dessa regra em diferentes religiões.

Islamismo

De acordo com o profeta Maomé, o verdadeiro muçulmano é aquele que deseja para seu próximo o que deseja para si mesmo.

Jainismo

Os seguidores do jainismo, uma das religiões mais antigas da Índia, fundada por Vardhamana Mahavira, pregam que precisamos ser pacíficos e cuidar do ambiente natural, porque estamos a ele conectados.

Ifá

A tradição oral africana chamada ifá indica a seus seguidores que o caminho para melhorar a relação com seus companheiros começa no aprimoramento do próprio caráter e de suas atitudes dia após dia.

Família muçulmana reunida em ocasião do Ramadã. Foto de 2020.

Comunidade jainista reunida em Ahmedabad, Índia. Foto de 2023.

Religiosos do ifá em cachoeira, no Rio de Janeiro. Foto de 2020.

2 Com o apoio de sua família, pesquise na Bíblia, o livro sagrado dos cristãos, o ensinamento sobre a regra de ouro. Vocês encontrarão essa regra no capítulo 7, versículo 12, do Evangelho de Mateus. Assim que encontrarem, escreva-o aqui.

_____

_____

_____

OFICINA DO BRINCAR

RUA DA CIDADANIA

Você já viu o símbolo ao lado na rua do município em que você mora? Sabe o que ele significa?

Diversos símbolos nos ajudam a viver melhor em comunidade, orientando atitudes para a boa convivência e a segurança de todos.

1. Converse com os colegas sobre outros símbolos que vocês conheçam e sobre a importância de cumprir as orientações deles.

2. Em dupla, criem dois símbolos que vocês colocariam nas ruas próximas de suas casas ou nas ruas próximas da escola em que estudam.

- Um símbolo precisa indicar uma atitude de respeito ao próximo ou ao ambiente.
- O outro símbolo precisa indicar uma atitude de respeito a uma manifestação religiosa ou a um espaço sagrado.
- Depois de decidirem quais serão os símbolos, façam os desenhos de cada um deles nas placas abaixo e escrevam seus significados.

Significado do símbolo:
_____

Significado do símbolo:
_____

3. Apresentem à turma os símbolos que criaram.

PROJETO CIDADANIA

CONHECENDO RELÍQUIAS

Você está pronto(a) para iniciar a segunda etapa de nosso projeto? Volte à página 31, na qual desenvolvemos a primeira etapa, e recorde a importância das fontes para a história. Agora, vamos em frente!

1 Com cuidado, observe e pegue o objeto religioso de sua família e, com a ajuda do(a) professor(a), preencha a ficha a seguir.

Objeto religioso	Características
	Título:
	Lugar:
	Ano:
	Descrição:

2 Em grupo, com a orientação do(a) professor(a), organizem-se de modo que todos possam ver os objetos religiosos pertencentes às famílias de todos os alunos. Você apresentará a seus colegas o objeto de sua família, utilizando como referência as informações que registrou na ficha, e os colegas farão o mesmo com o objeto das respectivas famílias.

Parabéns, você e os colegas demonstraram que são ótimos buscadores e buscadoras de relíquias!

APRENDER SEMPRE

COLABORAMOS PARA O BEM

Há muitos exemplos de boa convivência e cooperação entre os países. Quando trabalhamos juntos para o bem de todos, conseguimos alcançar grandes conquistas para a humanidade.

A **Rede Eclesial Pan-Amazônica (REPAM)** é uma organização da Igreja católica presente em países que têm a floresta Amazônica em seu território. Essa rede promove o protagonismo dos povos amazônicos na missão comum de defender e cuidar da Amazônia.

Integrantes da REPAM reúnidos em Manaus, Amazonas, para a terceira edição da Escola para Promoção dos Direitos Humanos (DDHH). Foto de 2022.

A **Organização das Nações Unidas (ONU)** é a maior organização internacional que existe. A ONU elaborou um documento muito conhecido no mundo todo, a Declaração Universal dos Direitos Humanos. Essa declaração descreve os direitos humanos, que são iguais para todos.

O **Movimento Internacional da Cruz Vermelha e do Crescente Vermelho** é uma das maiores organizações de ajuda humanitária do mundo. A Cruz Vermelha está presente em mais de 190 países em todo o mundo.

Voluntários da Cruz Vermelha atuando em Zaporizhzhya, Ucrânia. Foto de 2022.

A **Wikipédia** é uma enciclopédia que está na internet. Ela é composta de mais de mil artigos livres escritos por milhares de pessoas de todo o mundo. É um exemplo de colaboração. Todos os meses, milhões de pessoas visitam o *site* da Wikipédia.

Reprodução de página inicial da enciclopédia colaborativa Wikipédia.

1 Converse com os colegas sobre os exemplos de colaboração e solidariedade.

   a. De qual você gostou mais? Por quê?

   b. Qual você achou mais importante? Por quê?

2 Como você colabora com os colegas na escola? Explique.

SEMEAR MUDANÇAS

SER SOLIDÁRIOS NA COMUNIDADE

1 Observe as cenas abaixo. O que as crianças estão fazendo?

A

B

C

D

2 Em casa, mostre as imagens desta página à sua família e converse sobre elas.

a. Pergunte a seus familiares como ajudavam em casa quando eram crianças.

b. Em uma folha à parte, registre as respostas de sua família com um desenho.

3 Em classe, compartilhe com os colegas o desenho que você fez e conte a eles sobre a conversa com sua família.

Ser respeitosos com todas as pessoas

4. Marque com **X** as imagens que representam as pessoas que devem ser respeitadas.

A B C

D E F

G H I

5. Complete a frase abaixo.

Todas as pessoas merecem _____.

PESSOAS E LUGARES

OS YANOMAMI

Os Yanomami são um povo indígena que vive na floresta Amazônica, principalmente nos estados do Amazonas e de Roraima, no Brasil, e também na fronteira com a Venezuela.

Nas casas yanomamis, vivem várias famílias, o que favorece uma organização social que eles chamam de *kami theri yamaki*, que significa "nós corresidentes", isto é, residimos juntos.

Essas comunidades são organizadas como grupos autônomos e independentes, mas não é incomum que também realizem diversos tipos de trocas com comunidades vizinhas, com quem também se reúnem para participar de determinadas cerimônias.

Os Yanomami costumam organizar, de maneira circular, o espaço onde vivem, praticando a agricultura, a caça, a coleta e a pesca. Eles acreditam que "a grande terra-floresta" onde vivem, que eles chamam de *Urihi*, é uma entidade viva que foi dada a eles por *Omama* (Deus) para viverem de geração em geração.

Os líderes espirituais yanomamis costumam inalar um pó chamado *yakoana*, feito da resina da casca da árvore virola. Esse pó, segundo eles, permite-lhes ver e conhecer os *xapiri*, espíritos que geralmente se apresentam tanto com características humanas quanto com forma de diversos animais, ou outros elementos da natureza, como rios, cachoeiras e trovões.

Quando utilizam *yakoana*, os líderes espirituais yanomamis acreditam que podem "fazer descer" esses espíritos e, com eles, aprendem cantos, danças e diversos outros segredos.

Os pajés yanomamis podem comunicar-se com esses espíritos e atuam como guardiões e curandeiros das comunidades, afastando animais perigosos, espíritos agressivos ou inimigos que possam colocar em perigo suas comunidades.

PESSOAS E LUGARES

Para relembrar de seus familiares e amigos que faleceram e para se despedir deles, os Yanomami realizam uma cerimônia chamada *Reahu*.

Nessa cerimônia, que dura algumas semanas, eles deixam o corpo da pessoa falecida na floresta por algum tempo, para que se decomponha. Depois, os ossos da pessoa são queimados em uma grande fogueira, na presença de familiares, amigos e pessoas de aldeias vizinhas, que participam de danças e compartilham comidas.

Ao final da cerimônia, os visitantes recebem parte das cinzas em uma espécie de cabaça para levarem às suas aldeias e as enterrarem, se despedindo, assim, da pessoa falecida.

Em seu livro *A queda do céu* (São Paulo: Companhia das Letras, 2015), o xamã Davi Kopenawa (1956-), uma das lideranças yanomamis mais conhecidas no mundo, alerta para os prejuízos causados pela exploração irresponsável da terra-floresta e argumenta que, quando percebemos a floresta apenas como um recurso a ser explorado desenfreadamente, caminhamos para nossa destruição.

ATIVIDADES

1. O que você entendeu sobre o ritual funerário dos Yanomami? Faça um desenho que ilustre sua resposta.

2. Segundo o texto, "eles acreditam que 'a grande terra-floresta' onde vivem, que eles chamam de *Urihi*, é uma entidade viva que foi dada a eles por *Omama* (Deus), para viverem de geração em geração". A maneira como compreendemos o lugar onde vivemos influencia o modo como cuidamos dele. Em grupo, discutam como a crença de que a Terra é uma entidade viva pode melhorar nossa relação com a natureza e com os bens naturais.

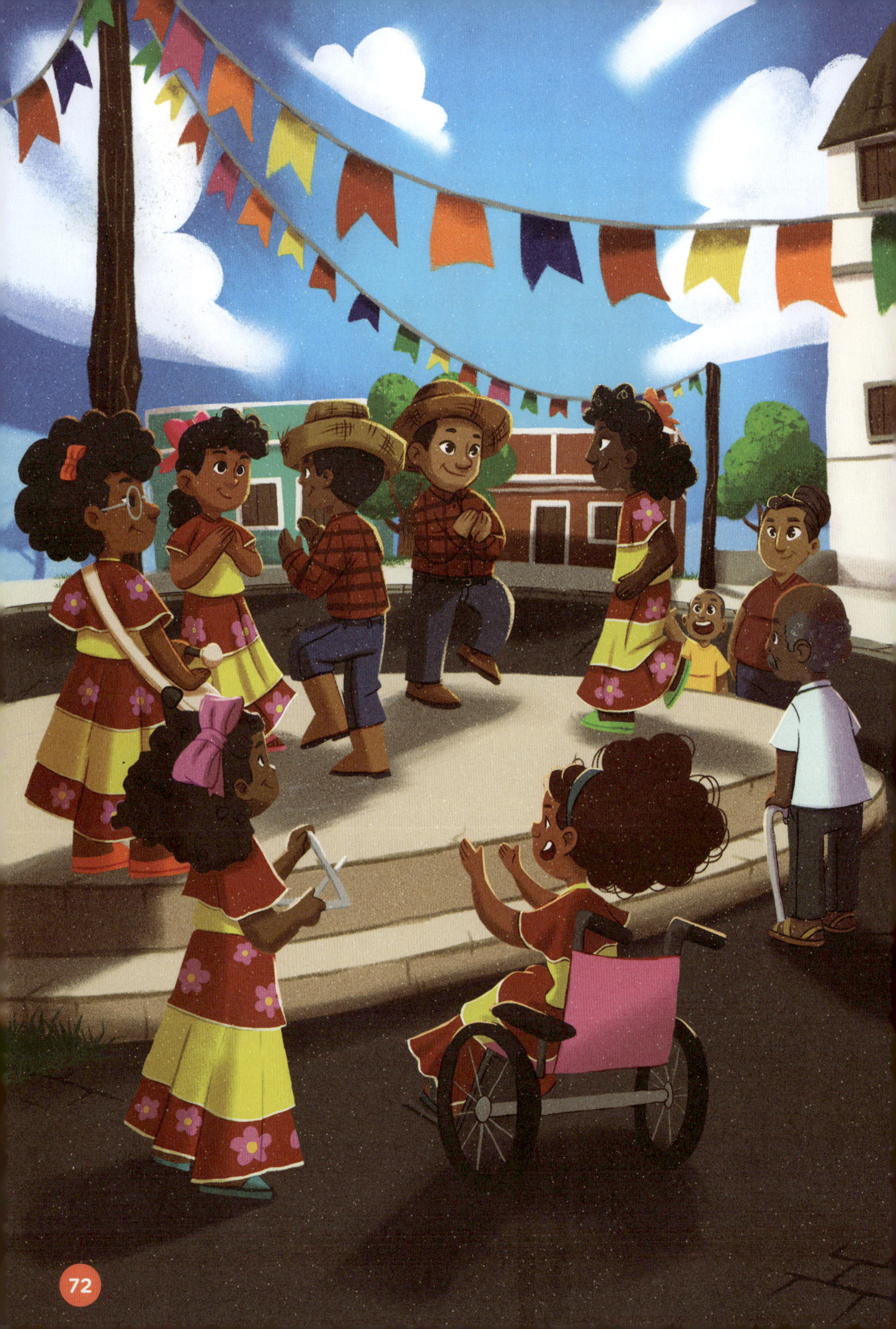

CAPÍTULO 5

APRENDEMOS A CONFIAR

PARA REFLETIR E CONVERSAR

1. O que está acontecendo na cena apresentada nessa imagem?
2. Como vocês acham que as pessoas estão se sentindo?
3. Vocês costumam participar desse tipo de evento com suas famílias?

DESCOBRINDO

O PAI-NOSSO

Todos os dias, Jesus separava um momento para falar a sós com Deus.

Jesus contava a Deus Suas alegrias, tristezas e o que acontecia em Seu dia a dia. Jesus também ensinava as pessoas a amar a Deus e a confiar Nele.

"Não tenham medo nem se preocupem. Deus cuida de vocês."

"Deus é um bom pai. Conhece cada um de nós. Ele nos escuta e sabe do que necessitamos."

Jesus convidou todas as pessoas a falar com Deus, como Ele próprio fazia.

Certo dia, algumas pessoas pediram a Jesus que as ensinasse a rezar. Jesus disse a elas que rezar é falar com Deus, assim como falamos com nossos pais ou com um amigo.

Rezem assim: "Pai nosso, que estais no céu, santificado seja o Vosso nome...".

PARA REFLETIR E CONVERSAR

1. Jesus falava com Deus todos os dias. O que Ele contava a Deus?
2. O que Jesus ensinava às pessoas?
3. O que Jesus fez quando as pessoas pediram a Ele que as ensinasse a rezar?

- Forme, com as letras da página 107, o nome da oração que Jesus nos ensinou.

COMPREENDENDO O MUNDO

AS PESSOAS SE RELACIONAM COM DEUS

Todos os dias, precisamos conviver com as pessoas e confiar nelas. Confiar nas pessoas significa depositar nelas nossa fé e ter esperança de que, com elas, nos sentiremos seguros.

As pessoas religiosas se relacionam com Deus e confiam Nele.

Observe alguns exemplos de como essas pessoas se relacionam com Deus.

Em família, damos graças a Deus antes das refeições. Agradecemos às pessoas que prepararam a comida e pedimos por aqueles a quem falta o alimento. Foto de 2020.

Ao levantarmos pela manhã e ao deitarmos à noite, agradecemos a Deus pelo dom da vida e pedimos aquilo de que necessitamos. Foto de 2020.

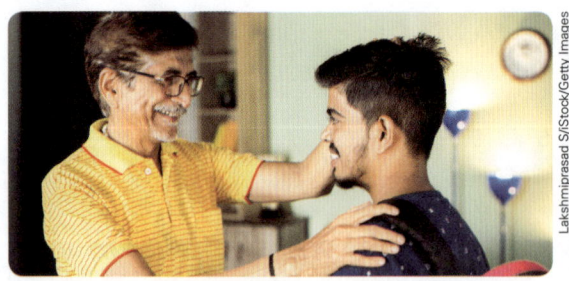

Quando nos despedimos de nossos pais e avós, eles nos oferecem a benção de Deus, e dizem frases como "Deus o acompanhe.". Foto de 2022.

Quando realizamos uma viagem, pedimos a Deus que nos acompanhe e que cuide de nós durante o trajeto. Foto de 2023.

PARA REFLETIR E CONVERSAR

1. Vocês gostam de falar com Deus? Quando vocês fazem isso?
2. Por que vocês falam com Deus? O que vocês contam a Ele?
3. Quais suas maneiras preferidas de rezar?

A oração dos cristãos

1 Com o auxílio de algum familiar, encontre na Bíblia a seguinte passagem: Livro do Evangelho de Mateus, capítulo 6, do versículo 9 ao 13. Nessa parte está escrita a oração que Jesus ensinou aos cristãos. Leia e interprete seu significado.

2 Pinte o caminho até o final. Depois, leia a oração completa do Pai-nosso.

Pai nosso que estais no céu,

santificado seja o Vosso nome,

venha a nós o Vosso reino,

seja feita a Vossa vontade, assim na terra como no céu.

O pão nosso de cada dia nos dai hoje,

perdoai as nossas ofensas,

assim como nós perdoamos a quem nos tem ofendido,

E não nos deixes cair em tentação,

mas livra-nos do mal.

Amém.

APRENDENDO UNS COM OS OUTROS

A ORAÇÃO NAS RELIGIÕES

Em todas as religiões, as pessoas dedicam um tempo à oração. É um momento de encontro com Deus, em que se sentem mais próximas a Ele.

Nesses momentos de oração, as pessoas costumam fazer gestos, assumir posturas e pronunciar palavras específicas. Além disso, utilizam símbolos que as ajudam a expressar seus sentimentos. A oração pode ser feita individualmente e também em comunidade.

Os **muçulmanos** oram cinco vezes ao dia: ao amanhecer, ao meio-dia, à tarde, logo após o pôr do sol e à noite. Para eles, a *salat* (oração) é uma forma de se ligar a Deus. Eles fazem gestos, posicionam-se em direção à Meca (cidade sagrada) e recitam versos do livro sagrado, o Alcorão.

As crianças muçulmanas, desde cedo, aprendem algumas orações. Esta é uma delas: "Deus é único e não existe nada nem ninguém digno de adoração, exceto Ele.".

Meninas muçulmanas em oração, na Indonésia. Foto de 2020.

Os **hindus** têm em casa um altar dedicado a seus deuses. Nele, colocam estatuetas ou quadros com a imagem desses deuses. Todos os dias, a família medita diante das imagens e lhes oferece flores e incenso.

Altar doméstico dedicado à deusa Kali em Srinagar, Índia. Foto de 2022.

Os **budistas** costumam meditar para cultivar sua vida interior, ou seja, refletir sobre suas intenções, suas atitudes e seus desejos.

É comum vê-los sentados com as pernas cruzadas com a sola dos pés voltadas para cima. Essa posição favorece a respiração e a estabilidade física, sendo conhecida como a posição de lótus, pois lembra essa flor no momento de abertura de suas pétalas. Para eles, é o símbolo do despertar espiritual que buscam.

Monges budistas meditando em Pathum Thani, Tailândia. Foto de 2023.

Os **católicos** têm o costume de realizar procissões em datas especiais, quando caminham em direção a lugares considerados importantes para eles. Essa experiência de oração e de encontro com Deus acontece pelas ruas da cidade, onde os católicos cantam, rezam e louvam a Deus.

Procissão do Círio de Nazaré em Belém, Pará. Foto de 2022.

1 Em casa, releia com os familiares ou responsáveis as diferentes experiências de oração das quatro religiões apresentadas. Escolha uma delas e descreva-a com suas palavras.

_____

_____

2 Em uma folha à parte, desenhe ou cole uma foto do lugar e do modo como sua família faz as orações.

OFICINA DO BRINCAR

A PADARIA DO BEM

Você já pensou na importância que as padarias e os(as) padeiros(as) têm no dia a dia das pessoas? Você e sua família frequentam alguma padaria?

1 Converse com os colegas e o(a) professor(a) sobre a frase:

> O pão nosso de cada dia nos dai hoje

- Na opinião de vocês, o que significa esse trecho da oração? O que os cristãos querem dizer quando pedem isso a Deus?

2 Com a orientação do(a) professor(a), você e os colegas vão se reunir para compartilhar o pão. Cada um de vocês deve trazer um pão pequeno de casa. Para isso, peçam ajuda de algum familiar ou responsável que possa providenciar o pão.

3 No dia combinado para a reunião, vocês vão fazer plaquinhas em pedaços de cartolina. Em cada plaquinha, deve ser escrito um dos significados levantados na atividade **1**. As plaquinhas serão colocadas na frente de cada pão que trouxeram. Assim, cada pão terá um significado diferente.

4 Agora é o momento de partilhar. Partam os pães e partilhem cada um deles com os colegas, recordando o significado da plaquinha de cada pão.

5 Converse com os colegas: Como vocês se sentiram partilhando o pão?

OFICINA DE HISTÓRIAS

A LENDA DO PÃO DE SANTO ANTÔNIO

Uma das histórias sobre o surgimento do pão de Santo Antônio reforça os sentidos da caridade e da fraternidade, traços marcantes da vida desse santo. Conta-se que ele se compadecia muito da situação de pobreza das pessoas, especialmente quando elas não tinham o que comer.

Certo dia, Santo Antônio distribuiu às pessoas famintas da região todos os pães que havia no convento onde morava. Ao perceber que o cesto de pães estava vazio, o padeiro do convento, preocupado, procurou Santo Antônio e contou a ele que não havia restado nem um pão. Nesse momento, Santo Antônio pediu a ele que fosse ao cesto de novo, afirmando que lá teria pão. Para surpresa do padeiro, o cesto estava repleto de pães. Havia acontecido um milagre!

Desde então, tem sido tradição nas igrejas católicas a distribuição do pão de Santo Antônio no dia 13 de junho ou às terças-feiras, dependendo da paróquia, como símbolo de fartura das casas dos fiéis.

Fonte de pesquisa: Pãezinhos de Santo Antônio. Santuário de Santo Antônio. Disponível em: https://www.santuariodesantoantonio.com/paezinhos-de-santo-antonio/#:~:text=A%20tradi%C3%A7%C3%A3o%20dos%20p%C3%A3ezinhos%20de,e%20distribu%C3%AD%2Dlos%20ao%20povo. Acesso em: 25 fev. 2023.

- Agora que você conhece a história do pão de Santo Antônio, conte-a a seus familiares ou responsáveis e, com o auxílio deles, pesquise o que os fiéis fazem com os pães que recebem em doação. Registre a seguir as respostas encontradas.

_____

_____

APRENDER SEMPRE

ENCONTRAR-SE COM DEUS

Diariamente, pessoas do mundo inteiro buscam a Deus em igrejas, templos e até mesmo em casa, fazendo uma oração.

Ao longo da história, muitas pessoas têm buscado lugares especiais para se encontrar com Deus, como cavernas e montanhas. Outras encontram Deus na perfeição da natureza ou na arte.

Observe alguns exemplos.

Homem cristão em oração. Foto de 2021.

Em lugares altos

Uluru é o nome de uma grande pedra considerada sagrada para alguns povos originários da Austrália. Para eles, ali vivem os espíritos dos criadores do mundo.

As pessoas que acreditam que essa pedra é um lugar sagrado costumam pedir aos turistas que não subam nela, pois querem preservá-la.

Monte Uluru, na Austrália. Foto de 2022.

Na arte

Os dervixes islâmicos são bailarinos que buscam a união com Deus. Eles creem que, ao dançar, recebem a bênção do céu e a levam à Terra para reparti-la entre as pessoas.

Dervixes islâmicos dançando em Istambul, Turquia. Foto de 2022.

Por meio da ciência

O cientista Albert Einstein, ao investigar a natureza e as leis do Universo, descobriu a harmonia que havia entre todas as coisas. Einstein sentiu muita admiração pela maneira perfeita como tudo funcionava e ficou maravilhado.

Albert Einstein na Universidade de Oxford, Reino Unido. Foto de 1931.

1. Em dupla, citem exemplos de lugares em que algumas pessoas buscavam ou buscam a Deus, segundo o texto.

2. Como os dervixes islâmicos buscam a Deus?

3. O que deixou Einstein maravilhado? Por quê?

SEMEAR MUDANÇAS

A ATITUDE FRATERNA DE REZAR PELO PRÓXIMO

1 Observe as duas cenas abaixo.

- Em dupla, conversem sobre o que está acontecendo em cada situação.

2 Converse com sua família sobre a atividade anterior.

a. O que vocês gostariam que fosse diferente nas cenas 1 e 2?

b. Como vocês rezariam por essas pessoas?

c. Em uma folha à parte, escreva a oração com sua família e leve-a para a sala de aula.

3 Mostre aos colegas a oração que você trouxe de casa e responda com eles:

a. As orações das famílias ficaram parecidas?

b. Vocês conhecem pessoas que passam por situações semelhantes às das cenas 1 e 2?

c. Vocês costumam rezar por elas?

Rezar pela unidade e pela paz mundial

Líderes de várias tradições religiosas pedem aos fiéis que orem continuamente pela unidade e pela paz mundial. Existe uma religião fundada por Bahá'u'lláh (1817--1892) chamada fé bahá'í, que motiva seus seguidores a rezar pela unidade no mundo e pela harmonia entre as pessoas e entre as pessoas e a natureza.

Templo bahá'í em Santiago, Chile. Foto de 2020.

4 Com o(a) professor(a) e os colegas, leia a oração da fé baha'í pela unidade e pela paz mundial.

[...]
Ó Senhor!
Concede-nos as Tuas infinitas graças
e deixa brilhar a luz da Tua guia.
Ilumina os olhos, [...]
e dota os corações de alegria [...].
[...] Abre as portas do verdadeiro conhecimento
e deixa a luz da fé brilhar resplandecente!
Une os seres humanos à sombra da Tua generosidade,
e faz com que se unam em harmonia,
de modo a tornarem-se como os raios do mesmo sol,
as ondas de um só mar e os frutos da mesma árvore.
Que bebam do mesmo manancial,
se refresquem pela mesma brisa
e obtenham iluminação da mesma fonte de luz.
Tu és o Generoso [...]!

'Abdu'l-Bahá. Orações Bahá'ís. Disponível em: https://www.bahaiprayers.io/prayer?id=50228030. Acesso em: 25 fev. 2023.

- Sublinhe a frase que mais chamou a sua atenção e, a seguir, converse com os colegas sobre a frase que cada um sublinhou.

Nosso grupo vai representar a escola em um concerto!

CAPÍTULO 6

APRENDEMOS A CONVIVER

PARA REFLETIR E CONVERSAR

1. Onde estão os alunos representados na cena?
2. O que eles estão fazendo?
3. Vocês entenderam o que a professora está dizendo a eles?
4. Vocês acham que eles estão se divertindo juntos?

DESCOBRINDO

UMA FESTA PARA TODOS

Certa vez, um rei decidiu dar uma grande festa. Ele queria que todo mundo participasse dela. Com carinho, ele planejou tudo: arrumou sua casa e preparou comidas deliciosas.

Depois de tudo preparado, o rei pediu a seus ajudantes que chamassem as pessoas da cidade para a festa.

Então, eles foram, de casa em casa, convidando a todos.

Muitas pessoas quiseram ir à grande festa do rei: pobres, doentes e pessoas que não podiam caminhar ou enxergar.

Ilustrações: Eloar Guazzelli/ID/BR

O rei recebeu a todos com alegria, dando a eles as boas-vindas. A casa do rei se encheu de gente, e todos ficaram muito felizes naquele dia.

PARA REFLETIR E CONVERSAR

1. Como o rei preparou a festa?
2. Quem ele convidou?
3. Como o rei recebia seus convidados?

1 Desenhe no espaço abaixo uma festa em que você foi bem recebido e se sentiu muito feliz.

2 Converse com os colegas sobre a festa que você representou no desenho da atividade **1**.

COMPREENDENDO O MUNDO

AS CELEBRAÇÕES CATÓLICAS

As pessoas gostam de se reunir para festejar a vida.

Os católicos também têm esse costume e recordam com alegria datas relacionadas à vida de Jesus e dos santos.

Observe algumas celebrações católicas.

Datas relacionadas a Jesus.

Presépio no Seminário Frei Galvão, em Guaratinguetá, São Paulo. Foto de 2022.

Datas que celebram Maria.

Procissão de Nossa Senhora de Guadalupe, em Los Angeles, Estados Unidos. Foto de 2022.

Dias dedicados aos santos e às santas.

Procissão de São José, em Roma, Itália. Foto de 2021.

Celebração eucarística.

Celebração da Eucaristia em Salvador, Bahia. Foto de 2021.

PARA REFLETIR E CONVERSAR

- Conversem com os colegas: Que celebrações religiosas vocês conhecem? O que elas celebram?

1 O(a) professor(a) vai organizar a turma em 12 grupos. Cada grupo vai sortear um mês do calendário anual.

Em grupo, identifiquem as principais datas de festas religiosas no mês que sortearam. Com a ajuda do(a) professor(a), façam uma pesquisa em livros e revistas ou na internet sobre essas festas.

Ao final, apresentem aos colegas dos outros grupos as informações que pesquisaram sobre as festas religiosas.

2 Escolha uma das festas religiosas que seu grupo apresentou e faça, no espaço abaixo, um desenho que a simbolize.

3 Agora, mostre seu desenho aos colegas e explique a eles como você representou a celebração escolhida.

APRENDENDO UNS COM OS OUTROS

DIFERENTES LUGARES SAGRADOS

As pessoas se reúnem em determinadas datas e em locais específicos para celebrar a fé. Observe como algumas religiões fazem isso.

Meca, uma cidade na Arábia Saudita, é sagrada para o islamismo. Todos os anos, mais de 3 milhões de pessoas visitam essa cidade. Para os muçulmanos, é fundamental ir a Meca pelo menos uma vez na vida.

Um dos lugares mais importantes para a Igreja católica é o **Vaticano**, que fica na Itália. Católicos de todo o mundo costumam viajar para lá a fim de receber a bênção do papa, pois é onde ele vive.

No hinduísmo, há um festival religioso chamado *Khumba Mela*, que é realizado a cada 12 anos, em quatro cidades sagradas da Índia.

Ao final da celebração, os fiéis se reúnem em um lugar chamado **Sangam**, onde três rios indianos se encontram.

Peregrinos muçulmanos em visita a Meca, na Arábia Saudita. Foto de 2023.

Fiéis na praça de São Pedro, no Vaticano. Foto de 2022.

Devotos no rio Ganges, durante festival *Khumba Mela*, na Índia. Foto de 2021.

O **Muro das Lamentações** fica na cidade de Jerusalém, em Israel. Judeus de diferentes nacionalidades e pessoas de outras religiões visitam-no para nele orar e depositar pedidos entre suas rachaduras, por acreditarem que essa mensagem será levada a Deus.

O **parque Pedra de Xangô**, localizado em Salvador, na Bahia, é um lugar natural sagrado para as religiões afro-brasileiras. Para os candomblecistas, a rocha é um monumento que simboliza a ancestralidade da cultura afro-brasileira e sua resistência.

Judeus oram no Muro das Lamentações, em Jerusalém, Israel. Foto de 2022.

XI Caminhada da Pedra de Xangô, em Salvador, Bahia. Foto de 2020.

1 Com base nas informações do texto, complete a tabela a seguir, como no exemplo.

Religião	Praticantes	Lugar sagrado
Islamismo	Muçulmanos	Meca
Catolicismo		
Hinduísmo		
Judaísmo		
Candomblé		

2 Com o apoio do(a) professor(a), pesquise um espaço religioso que seja muito visitado na cidade ou região em que você mora. Se possível, conheça o lugar presencial ou virtualmente, e pesquise por que as pessoas o visitam.

OFICINA DO BRINCAR

O PIQUENIQUE

As pessoas se reúnem para compartilhar a vida e celebrar eventos religiosos importantes relacionados com suas crenças.

Vamos preparar um piquenique para celebrar a vida de todos que estiveram juntos neste ano?

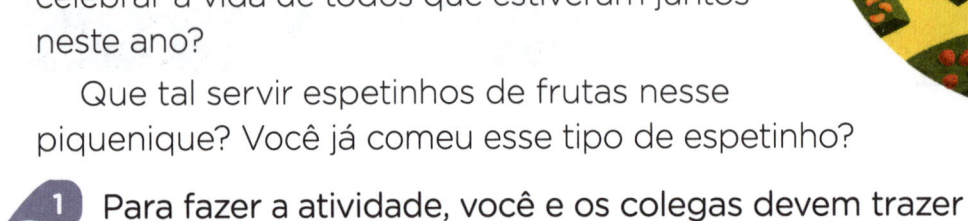

Que tal servir espetinhos de frutas nesse piquenique? Você já comeu esse tipo de espetinho?

1. Para fazer a atividade, você e os colegas devem trazer diferentes frutas para a sala de aula. Observem as frutas e conversem sobre as características delas: formato, sabor, significado, etc. Juntos, pensem em maneiras de continuar a frase:

No dia em que Deus criou as frutas...

- Depois, é hora de montar os espetinhos. Com a ajuda do(a) professor(a), coloquem as frutas em espetos de madeira. Procurem montar espetinhos com diferentes frutas.

Carlitos Pinheiro/ID/BR

2. Com a ajuda do(a) professor(a), escolham um lugar da escola para fazer o piquenique de confraternização da turma. Organizem-se em círculo para comer os espetinhos e conversar sobre o que vocês aprenderam neste ano. Agradeçam aos colegas pela companhia. Contem como foi bom conviver com eles durante este ano!

3. Em casa, conte aos familiares como foi a experiência do piquenique de confraternização.

PROJETO CIDADANIA

EXPOSIÇÃO DE RELÍQUIAS

Nesta etapa, com a orientação do(a) professor(a), você e os colegas organizarão uma exposição cultural com as relíquias religiosas de suas famílias. Para isso, sigam os seguintes passos:

1. Definam o local da exposição.
2. Produzam novas fichas de identificação para cada objeto.
3. Preparem e ensaiem suas falas de apresentação sobre cada objeto.
4. Com a autorização da gestão escolar, divulguem a data da apresentação na escola e para as famílias.
5. Apresentem aos convidados da exposição seus objetos e fiquem atentos às apresentações dos colegas.

CHEGADA

AVALIANDO NOSSO PROJETO

Em roda de conversa, expresse sua opinião sobre as seguintes questões:

- De que eu mais gostei no projeto?
- O que eu aprendi conhecendo os objetos religiosos das famílias?
- Como eu me senti trabalhando em grupo?

MEU COMPROMISSO PESSOAL

Qual é o compromisso que você deseja assumir? Após concluir o projeto, anote seu compromisso pessoal no caderno.

APRENDER SEMPRE

É MELHOR ESTARMOS JUNTOS

As pessoas costumam se reunir por diversos motivos.

Quando estão juntas, elas se ajudam e se alegram. Observe alguns exemplos.

Celebrar

Em muitos lugares do planeta, celebra-se a virada do ano. No Brasil, em muitas cidades litorâneas, é costume receber o **Ano-Novo** com uma grande festa na praia. Faz parte das tradições dessa festa vestir roupas brancas e celebrar a vida com a família e com os amigos.

Festejos de Ano-Novo em praia no Rio de Janeiro. Foto de 2023.

Compartilhar

As famílias católicas se reúnem de três em três anos, convocadas pelo papa, no **Encontro Mundial das Famílias**. Nessa reunião, os participantes compartilham sua fé e refletem sobre a importância da família cristã e sobre suas preocupações.

Papa Francisco cumprimenta fiéis durante 10º Encontro Mundial de Famílias, no Vaticano. Foto de 2022.

Proteger ou defender

As pessoas se reúnem e saem às ruas para chamar a atenção para alguma situação que querem defender ou resolver.

Por isso são comuns manifestações de pessoas que defendem o planeta, a vida, um sistema educacional de boa qualidade e que são contrárias a injustiças, como as guerras.

Marcha Mundial pela Justiça Climática, em Lisboa, Portugal. Foto de 2021.

Colaborar

A Rede Solidária para Migrantes e Refugiados (RedeMiR), articulada pelo Instituto Migrações e Direitos Humanos (IMDH), reúne cerca de sessenta instituições que colaboram na acolhida e na integração social de migrantes e refugiados em todas as regiões do Brasil. Essas instituições atuam de diversas maneiras, desde a oferta de apoio jurídico até a capacitação laboral, promovendo o auxílio humanitário para que essas pessoas possam retomar suas vidas com condições dignas.

XV Encontro da RedeMiR, em 2019.

1 Para que se juntam ou se reúnem as pessoas em cada uma das situações mencionadas?

2 Você conhece outros motivos que levam as pessoas a se reunir ou a unir forças? Comente com os colegas.

SEMEAR MUDANÇAS

AS PESSOAS SE REÚNEM PARA CELEBRAR A VIDA

1 Em casa, converse com sua família sobre festas ou celebrações das quais vocês costumam participar juntos. Depois, escolha uma e desenhe abaixo.

2 Em classe, compartilhe os desenhos com os colegas e conte que festa desenharam.

Todos são bem-vindos para festejar a vida

3 Em dupla, conversem sobre o que vocês aprenderam neste ano. Conforme forem relembrando, anotem o que realizaram com os colegas e o(a) professor(a) e com sua família. Por exemplo:

> Aprendemos que as pessoas são únicas e diferentes e que todas devem ser respeitadas.

4 Com os colegas e o(a) professor(a), faça a gravação de um vídeo de toda a turma em que vocês possam falar sobre o que aprenderam neste ano.

> Aprendemos que é bom viver em união.

5 Converse com sua família.

a. O que vocês aprenderam juntos neste ano?

b. Do que mais gostaram de fazer juntos?

c. Conte a eles sobre o vídeo que você fez com os colegas.

6 Em sala de aula, agradeça aos colegas pela companhia. Conte como foi bom conviver com eles durante este ano!

OFICINA DE JOGOS

PAR-SIM
O JOGO DOS SÍMBOLOS RELIGIOSOS

O jogo **PAR-SIM** vai mostrar a você alguns símbolos de tradições religiosas. Existem duas maneiras de jogar **PAR-SIM**.

DO QUE VOCÊ PRECISA PARA JOGAR

- 16 cartas, que você vai recortar das páginas 109 e 111.

NÚMERO DE JOGADORES

Dois jogadores.

ANTES DE INICIAR O JOGO

- Veja os símbolos representados nas cartas. Converse com o(a) professor(a) e os colegas sobre os significados dos símbolos para as diferentes tradições religiosas.

Conheça abaixo oito símbolos de diferentes tradições religiosas.

TRADIÇÕES INDÍGENAS — COCAR — PROTEÇÃO

CRISTIANISMO — CRUZ

VÁRIAS RELIGIÕES — MÃOS JUNTAS — ORAÇÃO

RELIGIÕES ORIENTAIS — FLOR DE LÓTUS — DESPERTAR ESPIRITUAL

JUDAÍSMO — MENORÁ — DE DEUS

HINDUÍSMO — OM — SOM CRIADOR DO UNIVERSO

CATOLICISMO — ESCAPULÁRIO — PROTEÇÃO

VÁRIAS RELIGIÕES — ÁGUA — PURIFICAÇÃO

JOGO DA MEMÓRIA

1º passo
- Os jogadores devem embaralhar as cartas e colocá-las na mesa, todas com as imagens viradas para baixo.

2º passo
- O jogador que iniciar o jogo vai virar duas cartas.
Se essas cartas não formarem par, ele deve virá-las para baixo novamente, tomando cuidado para mantê-las na mesma posição. Se as cartas formarem par, o jogador deve ficar com elas.

3º passo
- Agora é a vez do outro jogador. Ele vai repetir as mesmas ações de seu colega de jogo.

4º passo
- Os jogadores devem se revezar na procura pelos pares até que não sobre mais cartas viradas para baixo na mesa. Vence quem tiver formado a maior quantidade de pares.

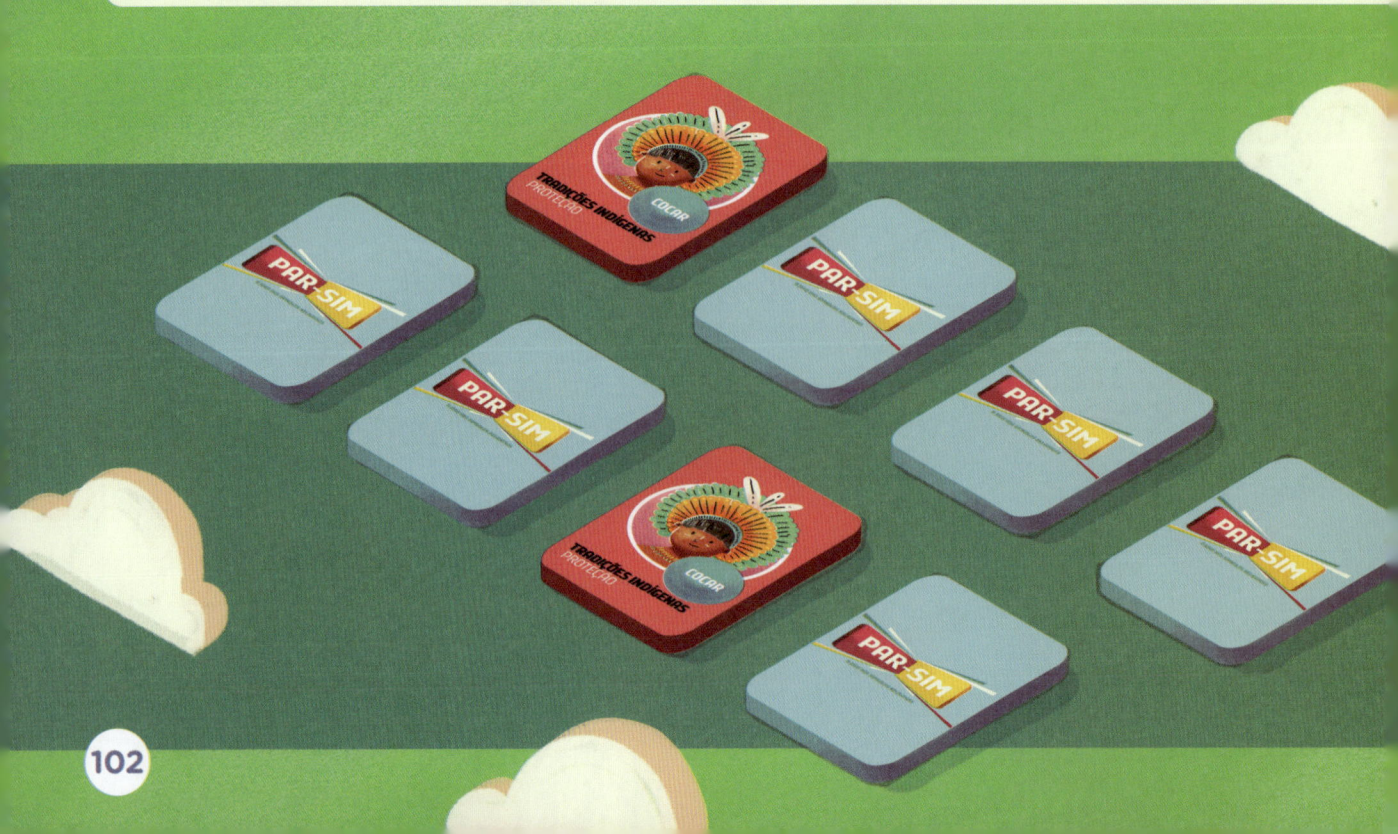

CARTAS NA MÃO

1º passo
- Os jogadores devem embaralhar as 16 cartas e distribuí-las da seguinte maneira: cada jogador fica com 5 cartas e as 6 cartas restantes são colocadas em um monte, na mesa.

2º passo
- Cada jogador verifica se pode formar pares com as cartas que recebeu. Se formar pares, estes devem ser deixados à vista, na mesa do jogo.

3º passo
- O jogador que inicia o jogo deve pegar uma carta no monte. Se a carta retirada fizer par com uma das que ele já tinha em mãos, o par deve ser colocado na mesa, à vista.
- Feito isso, o jogador escolhe uma carta de sua mão e a coloca no monte.

4º passo
- Agora é a vez do outro jogador. Ele repete as mesmas ações do jogador que iniciou o jogo.

5º passo
- O jogo termina quando não houver mais cartas nas mãos dos jogadores nem no monte de cartas. Vence quem tiver formado a maior quantidade de pares.

ENCERRAMENTO

Querida aluna, querido aluno,

Você gostou do que aprendemos este ano? Foi uma aventura nos conhecermos, conhecer os outros e reconhecer que formamos comunidades e compartilhamos sentimentos, ideias e crenças.

Você ficou surpreso ao perceber que diferentes tradições religiosas orientam seus seguidores a praticar atitudes fraternas e solidárias?

A descoberta disso desperta em nós um desejo de saber ainda mais como as pessoas compreendem e vivenciam suas práticas religiosas. E mesmo essas práticas sendo diferentes das nossas, compreendemos que todos buscam orientar suas vidas para o bem comum.

Não se esqueça de que as pessoas e as tradições religiosas são como tesouros que só podem ser acessados com a chave do respeito. Quando abertos descobrimos, então, a beleza e os sentimentos elevados que o conhecimento religioso proporciona às experiências das pessoas, às religiões e às filosofias de vida.

Ah, e não se esqueça de mim! Cada vez que você olhar ou sentir um raio de Sol, lembre-se do que aprendemos juntos.

Um abraço caloroso!

Seu amigo Pañi

ADESIVOS

CAPÍTULO 2 - PÁGINA 30

AMOR	UNIÃO
CONFIANÇA	PAZ
GRATIDÃO	MISERICÓRDIA
PARTILHA	FÉ
DIÁLOGO	PERDÃO
FRATERNIDADE	HUMILDADE

Carlitos Pinheiro/ID/BR

ADESIVOS

CAPÍTULO 5 - PÁGINA 75

N	I	S	O
O	P	S	A

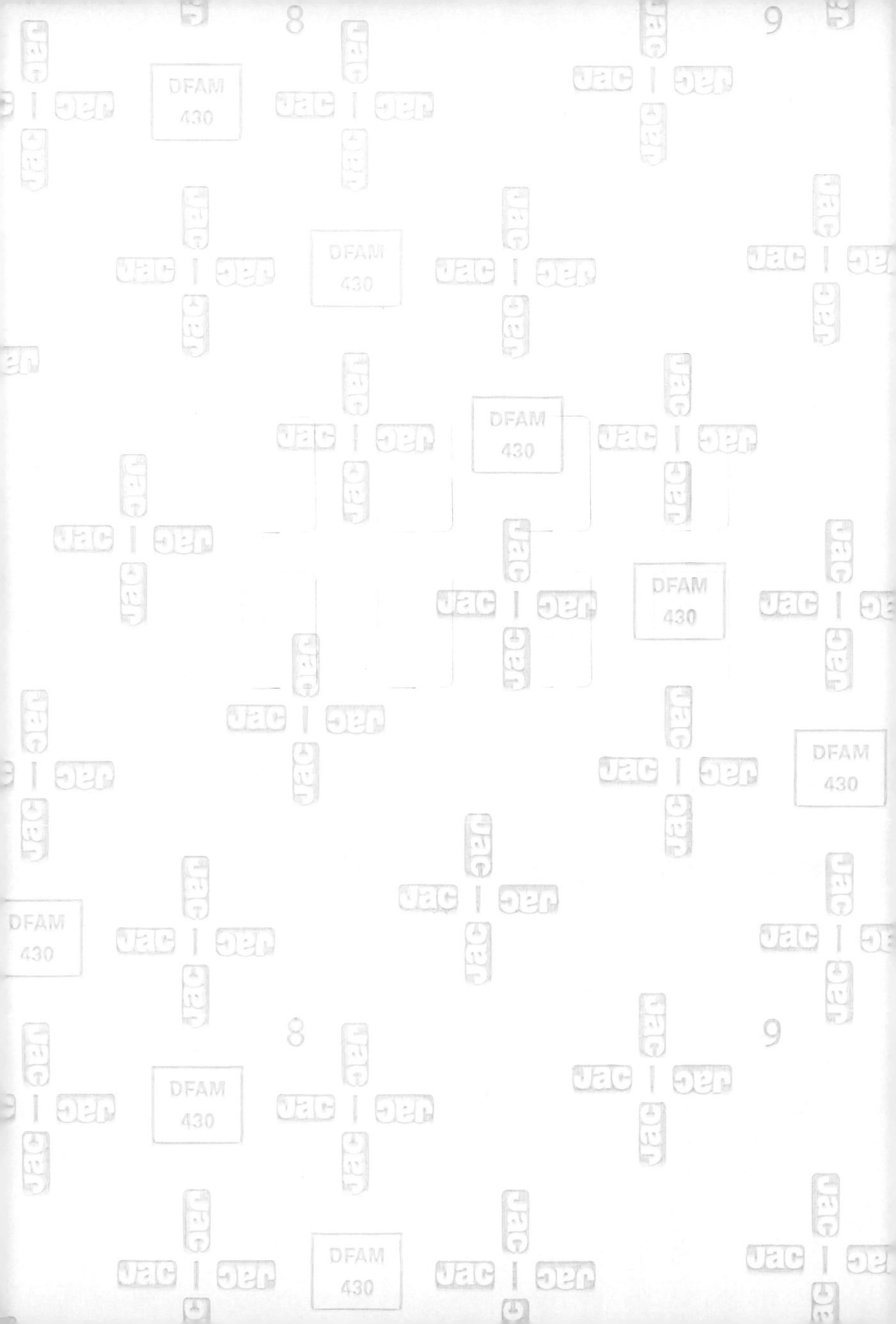

RECORTÁVEIS

OFICINA DE JOGOS - PÁGINA 100

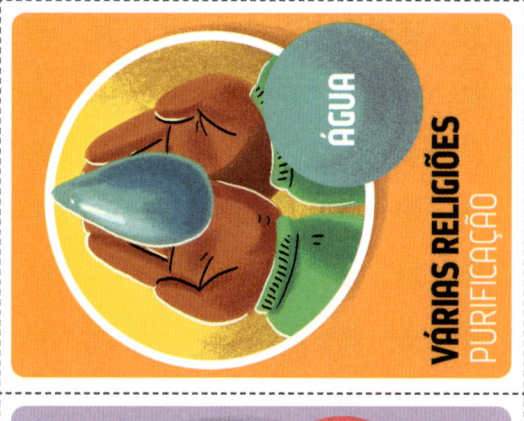

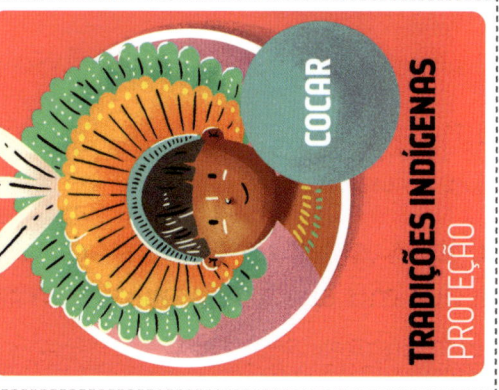

VÁRIAS RELIGIÕES — ÁGUA — PURIFICAÇÃO	**CRISTIANISMO** — CRUZ — SALVAÇÃO
CATOLICISMO — ESCAPULÁRIO — PROTEÇÃO	**RELIGIÕES ORIENTAIS** — FLOR DE LÓTUS — DESPERTAR ESPIRITUAL
HINDUÍSMO — OM — SOM CRIADOR DO UNIVERSO	**VÁRIAS RELIGIÕES** — MÃOS JUNTAS — ORAÇÃO
JUDAÍSMO — MENORÁ — LUZ DE DEUS	**TRADIÇÕES INDÍGENAS** — COCAR — PROTEÇÃO

Ilustrações: Victor Beuren/ID/BR

PAR-SIM — O JOGO DOS SÍMBOLOS RELIGIOSOS

RECORTÁVEIS

OFICINA DE JOGOS - PÁGINA 100

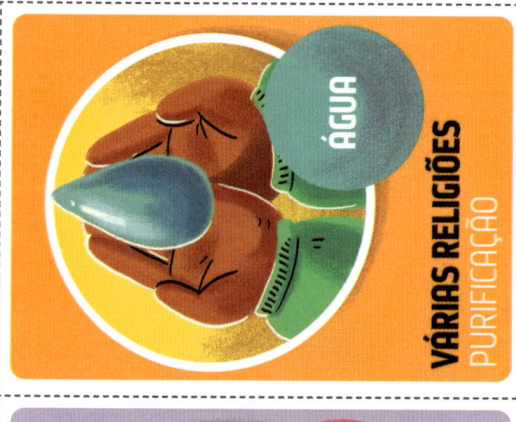

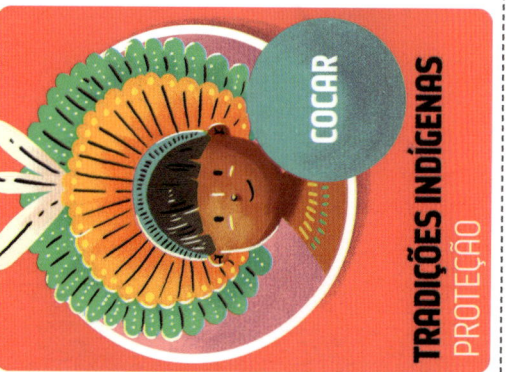

Ilustrações: Victor Beuren/ID/BR

VÁRIAS RELIGIÕES — ÁGUA — PURIFICAÇÃO	**CRISTIANISMO** — CRUZ — SALVAÇÃO
CATOLICISMO — ESCAPULÁRIO — PROTEÇÃO	**RELIGIÕES ORIENTAIS** — FLOR DE LÓTUS — DESPERTAR ESPIRITUAL
HINDUÍSMO — OM — SOM CRIADOR DO UNIVERSO	**VÁRIAS RELIGIÕES** — MÃOS JUNTAS — ORAÇÃO
JUDAÍSMO — MENORÁ — LUZ DE DEUS	**TRADIÇÕES INDÍGENAS** — COCAR — PROTEÇÃO

PAR-SIM

O JOGO DOS SÍMBOLOS RELIGIOSOS